KOCHEN WIE EIN PROFI

Praktische Tricks
mit Erfolgsgarantie

MATTHIAS F. MANGOLD

Stiftung Warentest

SO FUNKTIONIERT DAS BUCH

Kochen zu wollen oder gar zu sollen stellt viele Menschen vor eine große Aufgabe. Zwar hatten wir nie zuvor in unserer Geschichte so viele Lebensmittel zur Verfügung und so unterschiedliche Kochtechniken, Öfen, Herde, Geräte und natürlich Rezepte in Verwendung, doch genau diese Flut an Möglichkeiten ist das Problem. Woran sollen wir uns orientieren? Was ist wichtig? Stimmen die „alten Regeln" noch oder sind sie inzwischen überholt, weil man mehr darüber erforscht hat und weiß?

Suppenwürfel sind superpraktisch? Bloß weg mit abgelaufenen Lebensmitteln? **BESSER NICHT!** „Haben wir doch immer so gemacht!" finden Sie auf der linken Buchseite.

Praktische Handreichungen

Dieses Buch bringt ein wenig Licht in den Kochdschungel. Unser Ansatz ist, mit Vorurteilen aufzuräumen oder auch angestammte Gewohnheiten zu durchbrechen – und Ihnen dadurch zu helfen, klarer zu sehen. Vieles machen wir automatisch, ohne einen Gedanken daran zu verschwenden. Lebensmittel werden in den Kühlschrank gelegt, wo gerade Platz ist. Aber wussten Sie, dass es in Ihrem Kühlschrank, je nach Zone, bis zu 10 °C Unterschiede in der Temperatur geben kann? Das hat dann sehr wohl Auswirkungen auf die Lebensmittel.
Finden Sie mal wieder ein bestimmtes Gewürz oder einen kleinen Küchenhelfer nicht auf Anhieb? Eine gut organisierte Küche ist kein Hexenwerk und unglaublich praktisch im Alltag.
Im Rezept steht, Sie sollen das Gemüse blanchieren – was genau war das noch mal? Woran erkennen Sie eigentlich gutes Fleisch? Und ist frische Ware automatisch immer die bessere Wahl?

Wenn wir mitunter von neuen (auch wissenschaftlichen) Erkenntnissen sprechen, beziehen wir uns auf Forschungen der Deutschen Gesellschaft für Ernährung (DGE) oder Untersuchungen der Stiftung Warentest.

Warenkunde als Schlüssel

Den Fokus legen wir dabei eindeutig auf die kurze, knackige, aber dennoch eindeutige Vermittlung dessen, was Ihnen ermöglicht, beim Kochen sicherer zu werden. Der Titel „Kochen wie ein Profi" ist ganz pragmatisch zu verstehen: Wenn Sie wissen, was Sie tun, fällt es leichter. Und das ist das Ziel. Aus diesem Grund geben wir Tipps zum Einkauf oder zur Lagerung von Lebensmitteln, wir übersetzen Profi-Hacks in Ihren privaten Haushalt. Wir erklären die Unterschiede zwischen Kochen, Braten, Dünsten und Schmoren. Erläutern manche Prozesse Schritt für Schritt. Und wir zeigen Ihnen auch, wie Sie in vermeintlich langweilige Speisen ordentlich Pfiff bekommen können.

Eindeutiger geht nicht

Highlights sind unsere zahlreichen „Pro/Contra-Doppelseiten". Hier widmen wir uns jeweils einem Mythos: Die linke Seite stellt dar, was die landläufige Meinung ist und sogar in vielen Kochbüchern oder Magazinen propagiert wird – und rechts steht dann die viel bessere Alternative nach dem heutigen Stand der Erkenntnise, angereichert mit jeder Menge Praxistipps. Da werden Sie auf einen Blick erkennen und auch gleich verinnerlichen, warum Alufolie so gar nicht mehr prima ist. Warum das Schälen von Obst oder Gemüse nicht selten völliger Quatsch ist. Oder wann Sie Gerichte würzen sollten. Es sind diese einfachen Dinge, über die man sich keinen Kopf macht, die aber dennoch einen Unterschied markieren können zwischen nützlich, sinnvoll, schmackhaft und überflüssig oder gar kontraproduktiv. Da fallen so manche gelernte Muster durch den Rost.

Wissen, was in der Suppe drin ist, und auch nicht nur einer schnöden Zahl auf dem Deckel vertrauen? **PERFEKT!** Viele praktische und vor allem begründete Hinweise stehen rechts. So geht das!

Entspannt bleiben

Wichtig ist, Kochen nicht als Dogma zu verstehen. Machen Sie sich locker! Natürlich haben wir auch ein paar Rezepte eingestreut, um Ihnen Ideen an die Hand zu geben. Doch Rezepte sind stets nur Vorschläge und Anregungen, denen Sie nicht sklavisch folgen müssen. Es sind in unserem Fall Beispiele, wie Sie zuvor Erklärtes gut und simpel umsetzen können, beispielsweise wenn es um verschiedene Aromawelten geht oder um Pesto-Varitionen.

Stellen Sie also das Wollen vor das Müssen. Probieren Sie aus, was und wo immer es geht. Kochen Sie gemeinsam mit Familie oder Freunden, es macht einfach deutlich mehr Spaß.

Wir wünschen gutes Gelingen!

INHALTSVERZEICHNIS

Das Kochen

Das Braten

Abschmecken und Anrichten

Service

Kochen ist oft nicht nur die eigentliche Tätigkeit, sondern das Drumherum. Und das gelingt einfacher, wenn man einen Plan hat. Organisiert ist. Weiß, wo man seine Dinge hat. Weiß, was man eigentlich will. Und später nur noch Häkchen hinter die erledigten Arbeiten setzen muss.

DIE KÜCHEN-
ORGANISATION

LOCKER KOCHEN MIT LINKS – UND MIT KÖPFCHEN

Kochen stellt für nicht gerade wenige Menschen eine lästige Pflicht dar. Nahrungsaufnahme zu Hause, verbunden mit Arbeit. Meist hat man seine fünf, sechs persönlichen Klassiker, die man kann, weil man sie schon tausendmal gekocht hat. Ist aber langweilig, oder? Na gut, dann nimmt man sich mal ein Rezept vor und stellt vielleicht fest: Hey, dieses oder jenes Küchenwerkzeug habe ich ja gar nicht! Die gute Absicht stirbt rasch wieder, man kehrt zurück zum alten Trott.

Und was, wenn Sie den Spieß einfach mal umdrehen und Kochen als Spaß und nicht als Last begreifen? Als Möglichkeit, runterzukommen vom Stress des Alltags, als chillige Komfortzone daheim? Als Chance, mal etwas Neues auszuprobieren? Natürlich geht das kaum von heute auf morgen, aber Sie können sich in kleinen oder größeren Schritten herantasten. Sich ein paar Gedanken machen. Und so ganz schnell zu der Erkenntnis kommen, dass auch die großen Meister und Könner nur mit Wasser kochen.

Es geht beim Kochen in erster Linie darum, das Prinzip zu verstehen, wie bei vielen anderen Tätigkeiten auch. Was will ich erzielen, was brauche ich dafür, wo bekomme ich es her und was sind die einzelnen Steps. Daher:

1. Einfach denken

Vor allem wenn Sie bislang noch nicht so viel mit Kochen am Hut hatten, ist das Risiko groß, in Hektik zu verfallen, weil irgendwas nicht so funktioniert wie gedacht. Also downsizen Sie Ihr Vorhaben, es muss nicht alles jetzt gleich und sofort klappen! Gut kochen bedeutet nicht, Gerichte mit möglichst vielen Zutaten zuzubereiten, sondern mit möglichst guten. Je mehr Eigengeschmack sie mitbringen, desto weniger müssen Sie später dazubasteln, beispielsweise mit Gewürzen. Dieser Grundsatz kann Ihre durchgehende Maxime sein. Lernen Sie Kochen als etwas kennen, das aus sich selbst heraus Sinn macht. Das befriedigend sein kann, weil Sie etwas für sich machen und für Menschen, die Ihnen das auch wert sind. Sehen Sie Kochen nicht als verlorene Zeit, sondern als kreativen Ruhepol. Je öfter Sie kochen, desto mehr merken Sie, was Sie alles beherrschen. Wir haben die

Tendenz, zu schnell mit zu hohen Temperaturen zu kochen, um es möglichst rasch erledigt zu haben. Gehen wir es lieber vom anderen Ende her an und machen etwas langsamer. Dann kann im Topf und in der Pfanne weniger schieflaufen. Sie werden ruhiger – und letztlich wesentlich effizienter.

2. Das Richtige haben

In der Tat hängt vieles in der Küche von der richtigen Ausstattung ab, die auf die persönlichen Bedürfnisse abgestimmt ist. Man braucht für einen Zwei-Personen-Haushalt keine acht Töpfe, und wenn man bislang eher selten gekocht hat, müssen es auch nicht die teuersten Gerätschaften sein. Somit darf die Erstausstattung überschaubar sein. Mit der Zeit wird dann automatisch ganz viel dazukommen.

Diese Grundausstattung sollte man aber auf jeden Fall besitzen, damit man nicht ständig improvisieren muss:

- Zwei Töpfe, einer groß, einer klein, beide mit Deckel.
- Eine Pfanne.
- Einheitliches Geschirr. Sieht einfach besser aus als bunt zusammengewürfeltes.
- Gilt ebenso für Besteck.
- Drei Messer genügen für den Start: ein großes, ein kleines und ein gewelltes.
- Eine Rührschüssel aus Kunststoff und ein paar kleinere Schüsseln aus Keramik für Müsli, Reste, Allerlei. Braucht man immer.
- Ein Schneidebrett, wenn möglich mit Saftrille.
- Ein paar Küchenhelfer wie Dosenöffner, Kellnermesser, Schneebesen, zwei Kochlöffel, ein Sparschäler und eine Schöpfkelle.
- Ein Sieb aus Edelstahl.
- Eine Salatschleuder.
- Eine Vierkantreibe, zwei bis drei Auflaufformen in verschiedenen Größen, ein Messbecher, eine Zitruspresse.
- Ein Mörser und ein bis zwei Gewürzmühlen.
- Eine elektronische Küchenwaage.

Alles Weitere ergibt sich mit der Zeit nach Bedarf. Dann können Sie Schritt für Schritt noch die Küchenutensilien nachkaufen, die Sie im konkreten Fall benötigen.

3. Locker bleiben

Machen Sie sich keinen Druck. Wenn Sie einmal anfangen mit dem Kochen, sehen Sie schnell die vielen Vorteile. Sie wissen, was in Ihrem Essen drin ist. Sie merken, dass Sie mehr Geld im Geldbeutel haben, als wenn Sie immer nur auswärts essen oder Convenience-Food in der Mikrowelle warm machen. Und Sie verspüren den Stolz, das Essen selbst gekocht zu haben. Beim nächsten Mal trauen Sie sich schon mehr zu – und werden dabei immer lockerer, denn nun ist Kochen für Sie kein Neuland mehr.

BLITZEBLANK?

AUS DEN AUGEN, AUS DEM SINN. Es mag vielleicht den ein oder anderen beglücken, wenn alle Flächen wie leer gefegt wirken und natürlich stets sauber gewischt sind. Aber alles in Schränken und Regalen zu verstauen, ist zum einen völlig unpraktisch und birgt zum anderen die Gefahr, dass man Gerätschaften in den hinteren Reihen und Ecken aus dem Blick verliert und schnell vergisst. Und dann kommen all die schönen Dinge, die das Kochen zu etwas Besonderem machen, gar nicht mehr zum Einsatz. Schade!

EINLADEND!

WICHTIGES GRIFFBEREIT HABEN. Was braucht man oft, was muss man schnell zur Hand haben? Genau diese Küchenwerkzeuge sollten Sie nicht verstauen, denn dann sind zu viele Handgriffe nötig. Platzieren Sie ruhig die Gerätschaften, mit denen Sie häufig arbeiten, sichtbar auf der Arbeitsplatte oder neben dem Herd. Das hat nichts mit Unordnung zu tun, auch nichts mit mangelnder Sauberkeit, sondern es erspart Ihnen wertvolle Zeit. Das gilt übrigens nicht nur in der Familienküche, sondern auch in WGs, in denen nie nur einer kocht.

PLATZ SCHAFFEN, CHAOS VERMEIDEN

Küchen werden oft mit Werkstätten verglichen und das ist gar nicht mal so verkehrt. Hier wie dort wird mit Materialien und mit Werkzeugen gearbeitet. Man braucht nicht ständig alles um sich herum, aber wenn es sein muss, sollte man wissen, wo man etwas ganz Bestimmtes mit einem Griff hervorholt. Organisation ist demzufolge das A und O.

Arbeitsfläche vs. Schrank/Regal

Eigentlich ist es ganz einfach. Dinge, die jeden Tag in Gebrauch sind – wie beispielsweise das Brotmesser, Salz oder Pfeffer –, befinden sich nicht hinter verschlossenen Schranktüren. Unsere Hitliste auf der rechten Seite zeigt, was sichtbar und griffbereit sein sollte.

Für alles andere machen Sie sich einen Plan: Schaffen Sie sich in jedem Fall Ihre logischen, ganz individuellen „Produktgruppen" in den Schränken, Regalen und Schubladen. Es ist sinnvoll, Trockenzutaten wie Mehl, Reis, Zucker oder auch Hirse und Couscous aus den Originaltüten in Schraubgläser umzufüllen. Damit Sie auch immer wissen, was wo drin ist, ist es keine schlechte Idee, die Gläser entweder zu beschriften oder ein Stück der Packung (vielleicht die Zubereitungsanleitung?) auszuschneiden und auf das Glas zu kleben bzw. mit ins Glas zu geben. Das gilt auch für Gewürze – diese Gläschen müssen dann definitiv dunkel gelagert werden, da Licht und Wärme dem Aroma schwer zusetzen. Eine gute Alternative sind Gewürzdosen.

Ebenfalls ohne direkte Lichteinwirkung lagert man Öle, die dadurch nicht so rasch ranzig werden. Haben Sie Ölflaschen in einem Auszug oder einem Schrankfach, legen Sie etwas Küchenpapier darunter, dann werden die Böden nicht gleich verschmiert und unansehnlich.

Koch- und Essgeschirr trennt man grundsätzlich voneinander, das sorgt für eine bessere Übersicht. Wenn Sie keine Schränke, sondern nur Regale haben, ist es echt clever, Utensilien wie Kunststoffbehälter und ihre Deckel in großen, durchsichtigen Boxen aufzubewahren. Da können dann auch Sachen wie die Pastamaschine, der Stabmixer oder Muffinförmchen rein. Hauptsache ist, Sie wissen immer gleich, wo was verstaut ist.

HITLISTE

GUT ORGANISIERT macht Kochen einfach mehr Spaß. Die wichtigsten Utensilien sind präsent und wirken dennoch aufgeräumt.

Salztöpfchen mit Deckel
Wird oft gebraucht, darf neben dem Herd stehen.

Gute Kochmesser
Stecken im Messerblock oder hängen an einer Magnetleiste.

Knobi und Zwiebeln
Sind in einem Tontopf ohne direkte Sonneneinstrahlung.

Kochlöffel
Haben ihren Platz in einem Gefäß unweit des Herds.

Toaster
Wird nur dann oft benutzt, wenn man ihn auch sieht.

Gewürzmühlen
Pfeffer, Muskat oder Koriander sind in Reichweite.

Pfannen und Sauteusen
Sind schnell zur Hand, können an Gittern an der Wand hängen.

Schneidebretter
Stehen hochkant an die Wand oder an ein Regal gelehnt.

Hakenleiste
Ist sehr praktisch, für wichtige Kleinwerkzeuge.

Kann das weg?

In den meisten Fällen: Ja! Schauen Sie mal in die Küchenschublade und misten Sie aus. Was Sie jahrelang nicht benutzt haben, fliegt raus.

DINGE, DIE NIEMAND BRAUCHT

Wer kennt das nicht: Man hat einen Anlass zum Feiern und die Gäste bringen kleine Geschenke mit. Da sind immer wieder mal Leute darunter, die einen vielleicht auch nicht so gut kennen, aber wissen, dass man gerne kocht und sich denken: „Na, dann bringe ich doch mal was Ausgefallenes und zugleich Praktisches mit." Und so kommen eben Mitbringsel heraus, die unverzüglich im hintersten Eck des tiefsten Schranks landen ...

Also vorher überlegen, wenn man in der gleichen Lage ist, eine Kleinigkeit mitbringen zu wollen oder sollen. Würde man das, was man verschenkt, selbst benutzen wollen? Beliebt war früher der Joghurtmacher – ist aber auch nur etwas für Menschen, die wirklich gerne Joghurt essen.

Witzig oder originell ist nicht immer gleich sinnvoll und praktisch. Ist es klug, allein für einen kurzen Lacher vergleichsweise viel Geld auszugeben? Zumal fast alle dieser Gadgets schlecht verarbeitet sind und durch normale, bereits vorhandene Alltagsgegenstände problemlos ersetzt werden können.

Ein paar Beispiele für solche Überflüssigkeiten sind der Apfelschäler, der Bananenhalter (!), der Mangoschneider oder der Pellkartoffelspieß. Hier unsere „Hits":

1 **Eierköpfer,** auch Eierschalensollbruchstellenverursacher genannt, benutzt man nur einmal, um wenigstens höflich gewesen zu sein. Danach köpft man das Ei wieder mit dem Messer oder klopft es mit dem Löffel auf.

2 **Kochpinzetten** sollen den Sinn haben, damit die Spaghetti aus dem Kochwasser zu fischen, um ihren Al-dente-Faktor zu prüfen. Ähm – das machen wir sonst mit der Gabel.

3 **Erdbeerstrunkentferner** gibt es wirklich, auch wenn man es erst gar nicht glauben mag. Sogar in den Varianten Plastik oder Edelstahl. Ansonsten tut es seit vielen Jahrzehnten ein kleines Messer.

4 **Fleischklopfer** hören sich erst mal sinnvoll an, doch zerfetzt man mit den großen oder kleinen Riffeln oft das Schnitzel. Die Alternative ist eine kleine Pfanne oder eine Sauteuse – klopft schonend und genauso effektiv.

5 **Eiertrenner** sind zwar billig, doch wem einmal gezeigt wurde, wie man Eigelb von Eiweiß richtig trennt, braucht sie nicht: Einfach die Eier in zwei Hälften aufschlagen und vorsichtig hin- und herkippen.

UNTERSCHÄTZTE KÜCHENHELFER

Andererseits gibt es wiederum spezielle Werkzeuge, die einem das Schaffen durchaus erleichtern können. Oder Gegenstände, die man aus ihrer eigentlichen Verwendung befreit und umfunktioniert. Im Gegensatz zu den unnützen Gimmicks hat man es hier in der Regel mit Geräten zu tun, die ausgefeilt, ausgetüftelt und stetig verbessert worden sind. Sie haben sich seit langer Zeit in der Küche ihren Platz erobert und gehören damit zu den wichtigsten Helfern überhaupt. Natürlich kann man zur Not auch ohne sie auskommen (MacGyver wüsste da was …), doch wer sie hat, möchte sie nicht mehr hergeben.

Mörser

Der Kleinkrieger. Mörser gibt es in den unterschiedlichsten Größen und Materialien. In vielen Küchen stehen welche aus Keramik oder Granit mit einem ebensolchen Stößel. Man verwendet sie, um darin Gewürzkörner wie Koriander oder Pfeffer zu zerstoßen. Manche sind wiederum an der Innenseite geriffelt, um das Mörsern zu beschleunigen und zu erleichtern. Wieder andere, vor allem aus Asien, sind sehr hoch und haben einen hölzernen Stößel. Sie sind am besten geeignet, um Zutaten kraftvoll und effektiv zu vermischen.

Tipp: Am besten gleich einen großen Mörser anschaffen, der lässt Ihnen alle Freiheiten.

Zip-Beutel

Der Vielseitige, den man multifunktional nutzen kann. Natürlich, um darin etwas aufzubewahren, meist mit Flüssigkeit, die aber nicht auslaufen soll – zum Beispiel Fleisch zum Marinieren. Oder um darin ein Vakuum zu erzeugen, indem man den Beutel mit Inhalt offen über die Tischkante gleiten lässt, sodass die Luft herausgedrückt wird. Und – ganz klar – um darin Lebensmittel einzufrieren. Manche Beutel haben unten eine verbreiterte, aufklappbare Standfläche, was vor allem das Befüllen signifikant erleichtert.

Eingetütet: Zip-Beutel sind für alles gut, was übrig bleibt und kurzfristig gekühlt oder eingefroren wird.

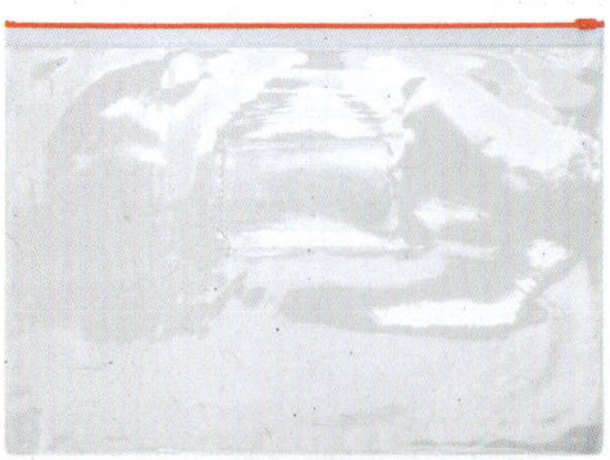

Elektronische Waage

Die Genaue. „Backen ist nicht Kochen!" mokiert sich so mancher TV-Koch, wenn er eine Süßspeise machen soll. Stimmt: Manchmal müssen die Zutaten exakt abgemessen hinzugefügt werden und nicht aus der Lamäng, sonst wird das nix. Und hier kommt die elektronische Waage ins Spiel. Die meisten haben Skalen von Schritten zu 1 Gramm, es gibt aber auch welche, die bis aufs Zehntelgramm genau messen. Das ist jedoch nur in den seltensten Fällen notwendig.

Praxis: Wichtiger als ein mitgelieferter Behälter ist der Messbereich. Viele Waagen gehen nur bis 3 Kilogramm, was zu wenig sein kann. 5 Kilogramm sollten es mindestens sein.

Schraubglas

Der Multitasker. Das Tolle an Schraubgläsern ist, dass man sie nicht eigens anschaffen muss. Ob man nun saure Gürkchen, Senf, Kirschen oder andere Dinge im Glas kauft – sie sind mit dabei und lassen sich, sauber ausgespült selbstverständlich, immer wieder für alles Mögliche verwenden: Um übrig gebliebene Soßen aufzubewahren, um Flüssigkeiten wie Fonds oder Suppen in passenden Portionen einzufrieren, um ein Salatdressing darin zu mixen, um selbst gemachte Marmeladen einzufüllen. Und, und, und ...

Sauberkeit: Die Gläser vor der Verwendung, beispielsweise für Gelees, immer mit kochendem Wasser sterilisieren.

Trichter

Das Öhr. Ein Trichter ist an sich wenig spektakulär. Man steckt ihn in ein Gefäß und schüttet Flüssigkeit hinein; das bewahrt einen vorm Kleckern. Doch durch genau diese Funktion erleichtert er einiges. Wer beispielsweise Öl in Plastikflaschen kauft, es aber in Glasflaschen umfüllen möchte, kommt nicht um ihn herum. Sinnvoll ist, Trichter in zwei Größen zu haben, sowohl was die Füllmenge als auch was den unteren Durchmesser angeht – je schmaler dieser ist, desto besser passt der Trichter in den Flaschenhals, eine stabile Angelegenheit!

Kauftipp: Trichter aus Edelstahl haben oft ein Sieb mit dabei. Kommt gelegen beim Abfüllen von beispielsweise Bratensoße.

Zestenschneider

Der Scharfe. Der Zestenschneider hat sich noch nicht überall durchgesetzt, dabei ist er wirklich sehr nützlich. Das obere Ende enthält Löcher mit scharfen Kanten, die man in einem flachen Winkel über Zitrusfrüchte wie Orangen, Zitronen oder Limetten führt. Das Ergebnis sind, wenn man es richtig macht, lange Streifen der Schale (= Zesten). Das Weiße der Frucht zieht man dabei nicht mit ab. Und außerdem sehen Zesten viel besser aus als mit der Reibe abgeriebene Zitrusfruchtschalen.

Aromatisch: Orangenzesten in Zucker karamellisieren und über Vanilleeis oder Schokoladenmousse geben. Schmeckt traumhaft!

Eiswürfelbehälter

Der Coole. In einem Eiswürfelbehälter kann man viel mehr machen als Wasser zu gefrieren. Man kann sich damit einen kleinen Vorrat an Produkten schaffen, die man in kleinen Portionen verwenden möchte. Das können beispielsweise ein einzelnes Eiweiß oder ein stark reduzierter Soßenfond („Demi Glace") sein. Ein eiswürfelgroßes Stück davon genügt, um eine Soßenbasis für mehrere Leute zu haben. Auch übrig gebliebener Wein kann so zum Kochen eingefroren werden.

Kniff: Kräuter wie Basilikum, Rosmarin oder Thymian fein hacken und in den Behälter geben. Olivenöl oder flüssige Buttedraufgeben und einfrieren. Kräutersoße ratzfatz!

Thermometer

Der Aufpasser. Viel mehr als früher achtet man heute beim Kochen auf bestimmte Temperaturen. Nicht nur beim Sous-vide-Garen, auch bei anderen Methoden möchte man ja das Optimum herausholen. Mit einem digitalen Thermometer ist das leicht. Bei einem Braten im Ofen wird der Messfühler beispielsweise mitten ins Fleisch gesteckt. Das Gerät selbst bleibt draußen und piepst, wenn die vorgegebene Temperatur erreicht ist.

Grillclou: Bei indirekter Hitze bringt man sein Steak zunächst auf die gewünschte Kerntemperatur (zum Beispiel 60 °C). Dabei steckt man den Fühler horizontal ins Fleisch. Danach scharf anbraten.

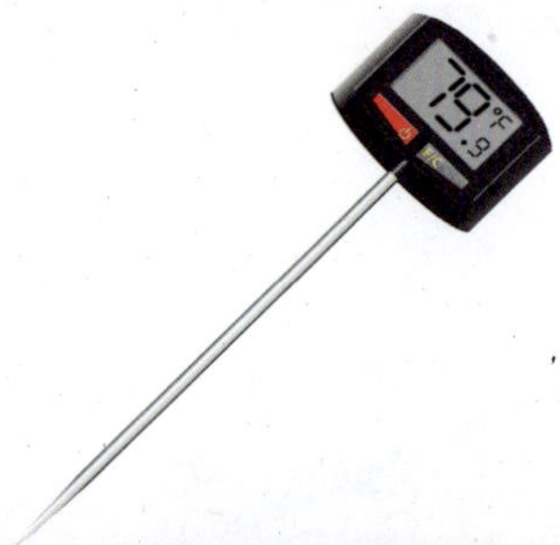

Haushaltsfolie

Der Hygienefuchs. Haushaltsfolie, auch Frischhaltefolie genannt, ist unersetzlich, wenn es darum geht, bei der Weiterverarbeitung der Zutaten hygienisch vorzugehen. Verarbeitetes Gemüse oder marinierendes Fleisch in einer Schüssel wird damit luftdicht abgedeckt und so vor anderen Gerüchen oder Bakterien in der Küche und im Kühlschrank geschützt. Durch Adhäsionskraft haftet die Folie auf glatten Materialien besonders gut.

Praxis: Es ist ärgerlich, wenn sich die Abrisskanten an den Packungen rasch ablösen. Um das zu vermeiden, sollte man die Folie nicht ruckartig, sondern langsam und gleichmäßig abziehen.

Vierkantreibe

Die Universelle. Vier unterschiedliche Flächen für Reiben, Raspeln, Hobeln und Schneiden – praktischer geht's kaum. Ob grob hobeln für Käse oder rohe Kartoffeln (Rösti!), fein raspeln zur Herstellung von Rohkostsalaten oder extrafein reiben für Ingwer und Meerrettich – hier ist für jeden Zweck etwas dabei. Kostengünstig sind die Reiben obendrein.

Wow-Tipp: Manchmal sind besonders die feinen Reibeflächen schwer zu reinigen, weil sich beispielsweise Zitrusschalenreste darin verfangen. Es hilft, Würfelzucker durchzureiben. Die Zuckerkristalle lösen die Schalen, machen die Reibe aber nicht stumpf.

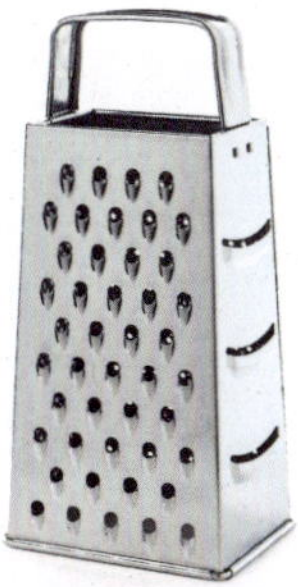

Grillzange

Die Unersetzbare. Gab es ein Leben vor der Grillzange? Kaum vorstellbar. Sie hilft nicht nur beim Grillen, wo man sich früher einer Grillgabel bedient hat und damit den Saft aus dem Gargut förmlich herausgestochen hat, sondern ist universell einsetzbar. Und zwar immer dann, wenn Dinge wie Pellkartoffeln, gedämpftes Gemüse oder gekochte Eier gerade noch zu heiß sind, um sie mit der Hand anzufassen. Je nach Einsatzort ist als Material Edelstahl (Grill) oder eine Gummibeschichtung (Pfanne) anzuraten.

Hygiene: Am besten immer in der Spülmaschine reinigen, damit auch wirklich keine Bakterien haften bleiben.

ALLES IN ALU?

SALZHALTIGE ODER SAURE LEBENSMITTEL sowie basische Zutaten sollten möglichst gar nicht oder nur sehr kurz mit Aluminiumfolie in Kontakt kommen. Je länger dies der Fall ist, umso mehr Aluminium diffundiert in sie hinein. Und das ist nun mal alles andere als gesund.

Beim Grillen findet durch den Kontakt von Aluminium und dem Metall des Grillrostes Korrosion statt, also eine Zersetzung. Feine Metallpartikel können so in das Grillgut gelangen. Den gleichen Effekt kann man bei Ofenkartoffeln beobachten: Wird die Folie schwarz, ist Vorsicht geboten.

PACK'S IN PAPIER!

Die Jobs von Backpapier sind **VIELFÄLTIG**. In jedem Fall ist die Herstellung dazu noch wesentlich umweltfreundlicher.

PERFEKT!
Das Gargut ist geschützt und luftig umschlossen. Nur direkte Grill-Hitze geht nicht.

BACKPAPIER MUSS NICHT AUS PAPIER SEIN. Natürlich kennt es jeder in der braunen Papierform, die es entweder auf der Rolle oder schon vorgeschnitten in Blechgröße zu kaufen gibt. Das Papier ist beschichtet, bis 250 °C unproblematisch und wird nach der Benutzung entsorgt. Immer mehr Anklang finden aber auch die silikonbeschichteten Dauerbackfolien, die immer wieder verwendet werden können. Es gibt sie glatt, geriffelt und für Konditoreizwecke mit Mikrolochung. Stiftung Warentest urteilt: „Die meisten schneiden gut ab."

ALLESKÖNNER BACKPAPIER

TRENNPAPIER, UNTERLAGE ODER EINPACKMATERIAL – mit Backpapier stehen einem viele Möglichkeiten offen. Apropos offen: Nur über ebensolchem Feuer klappt´s nicht.

So wird gedeckelt

Schneiden Sie Backpapier in der richtigen Größe aus und legen Sie es über das Gargut. So erhält sich das Aroma besser.

Ordentlich einpacken

Zum Dämpfen: Würzen Sie Fischfilets, legen Sie Zitronenscheiben darauf und wickeln Sie den Fisch in Backpapier ein – oder befüllen Sie es wie ein Säckchen.

Unterlegscheibe

Für Pizza, Fischstäbchen, spanische Tortilla ... Wenn Backpapier in Formen ausgelegt werden soll, am besten vorher zusammenknüllen. Steifheit passé.

WAS HEUTE selbstverständlich in so gut wie jedem Haushalt zu finden ist, gibt es in seiner jetzigen Art noch nicht einmal 60 Jahre. Zwar haben die Römer, nachzulesen in ihren Kochbüchern, schon Papier verwendet, um darin Speisen schonend zu garen. Und auch in der Neuzeit wurden befüllte Papiere mit Fett bestrichen und in Backformen ausgelegt, damit das Gargut nicht einbrennt. Doch erst 1962 entwickelte man das Backpapier in seiner heutigen Art – und es war bereits ein Jahr später, vor allem aus den Backstuben, nicht meh wegzudenken. Sauberes Arbeiten, kein Risiko mehr, dass der Teig irgendwo kleben bleiben könnte – diese Vorteile nutzt man gerne. Immer mehr Möglichkeiten und Formen wurden ausgetüftelt, doch der eigentliche Job des Papiers ist, als Trennblatt zu dienen. Grundsätzlich ist unser herkömmliches Backpapier mit einer speziellen Beschichtung versehen, die ein Anhaften von Materialien verhindert.

IN BACKPAPIER GAREN

AUCH OPTISCH DER BRINGER: Hier haben wir Verpackung und Deko in einem. Nach dem Garen geöffnet, breitet man das Papier aus und gibt die Beilagen dazu.

Backpapier mit Charme

Für Gerichte, bei denen etwas in Papier verpackt wird, nimmt man das klassische Backpapier. Das silikonbeschichtete funktioniert auch, doch der spezielle Reiz geht flöten.

Backen? Dämpfen?

Geht beides. Entscheiden Sie das abhängig von dem, was im Papier ist. Sind die Zutaten an sich schon feucht – wie Fisch –, können sie gebacken werden, ansonsten bietet sich schonendes Dämpfen an.

LACHS IN BACKPAPIER

Für 2 Portionen:
2 Lachsfilets à 200 g
Salz
Pfeffer
4 Scheiben Bio-Zitrone
1 Knoblauchzehe
30 g Fenchel
2 Zweige Rosmarin
2 Zweige Thymian
2 EL Olivenöl

Pro Portion: 458 kcal, 31 g F, 1 g KH, 0 g B, 40 g E

1 Zwei Bogen Backpapier auf einer Arbeitsplatte auslegen und den Lachs jeweils mittig darauf platzieren. Salzen und pfeffern. Die Zitronenscheiben auf die Lachsfilets legen. Den Knoblauch schälen, sehr fein würfeln und den Fisch damit bestreuen. Den Fenchel putzen und in feine Ringe oder Streifen schneiden. Mit Rosmarin und Thymian auf den Lachs legen. Alles mit Öl beträufeln.
2 Die Bogen über den Fisch falten und die Enden zusammendrehen, sodass zwei „Bonbons" entstehen. Die Enden mit Küchengarn zubinden. Im vorgeheizten Backofen bei 180 °C ca. 15 Min. backen.

Dazu: Kann prima mit Reis und einem Salat serviert werden.

SCHAFSKÄSEPÄCKCHEN MIT GEMÜSEBEGLEITUNG

Für 2 Portionen:
120 g Schafskäse (Feta)
2 Frühlingszwiebeln
50 g gelbe Paprika
50 g Zucchini
6 Kirschtomaten
1 Knoblauchzehe
½ rote Peperoni
Salz
Pfeffer
2 EL Olivenöl

Pro Portion: 289 kcal, 24 g F, 5 g KH, 2 g B, 10 g E

1 Den Schafskäse würfeln. Die Frühlingszwiebeln putzen und in feine Ringe schneiden. Die Paprika putzen und würfeln, die Zucchini ebenfalls würfeln. Die Kirschtomaten halbieren. Den Knoblauch schälen und fein würfeln. Die Peperoni hacken.
2 Alle Zutaten in eine Schüssel geben, mit Salz und Pfeffer würzen, das Olivenöl zugeben und alles gut vermengen.
3 Die Mischung halbieren und auf zwei Bogen Backpapier geben. Das Backpapier jeweils wie ein Säckchen zusammendrücken, mit Küchengarn zubinden und im vorgeheizten Backofen bei 180 °C 15 Min. backen oder bei 100 °C dämpfen.

Tipp: Statt mit Küchengarn können Sie die Päckchen auch mit Lauchstreifen zubinden – sieht toll aus!

DIE MATERIALWAHL

HOLZ, PLASTIK ODER METALL? In Restaurants ist das durch die EU ziemlich klar geregelt – doch macht das bei Ihnen zu Hause tatsächlich einen Unterschied? Manchmal schon.

Aufbewahrungsbehälter

Edelstahl oder Glas sind das Optimum. Kunststoffdosen sind einfach nicht geschmacksneutral genug. Wichtig ist ein luftdicht verschließender Deckel.

Schüsseln

Edelstahl ist oft eine gute Wahl, aber nicht für Blattsalate oder Zitrusfrüchte, die mit dem Metall reagieren. Dann besser Glas, Keramik oder Kunststoff verwenden.

Küchenhelfer

Produkte aus Plastik sind billig, gehen aber schnell kaputt. Edelstahl und auch Holz sind die bessere Wahl. Für Sparschäler gibt es auch Ersatzklingen.

HYGIENE IN DER KÜCHE ist eigentlich das oberste Gebot – doch kaum jemand hält sich daran. Dabei ist es relativ einfach: Öfter mal die Hände waschen bringt schon viel. Noch leichter ist es, wenn man sein Küchenwerkzeug gut behandelt, sprich: immer wieder reinigt. Dann ist es auch fast egal, ob man Kochlöffel aus Holz oder Plastik benutzt. Küchenhelfer oder sonstige Gerätschaften aus Plastik oder Metall sind oft problemlos in der Spülmaschine zu reinigen. Doch Holz ist nicht grundsätzlich im Nachteil, wenn man es sofort nach der Arbeit sauber macht und an der Luft trocknen lässt. Die im Holz befindlichen Gerbstoffe (Tannine) wirken auf Bakterien tötend bzw. stark hemmend. Von Schneidebrettern sollte man mindestens zwei Exemplare haben, eins für Fleisch und eins für den Rest. Bei Profis wird man bevorzugt Bretter aus Kunststoff in verschiedenen Farben finden – das ist Vorschrift in der Gastronomie. Ansonsten arbeiten sie mit Werkzeugen aus Edelstahl. Das ist als Material sehr langlebig und gut zu reinigen.

GEWÜRZE ÜBERM HERD?

Man muss zugeben, dass es schon eindrucksvoll aussieht, wenn eine ganze Batterie an Gewürzen in der Küche steht. Aber gerade überm Herd, wo immer Dampf aufsteigt, werden Gewürze schnell **PAPPIG**.

BESSER NICHT!

Es muss schnell gehen und der Deckel des Gewürzgläschens ist nicht richtig zugedreht? Absoluter Aromakiller!

DIE GRÖSSTEN FEINDE der Gewürze sind Wärme und Licht. Gewürze verlieren sehr schnell ihr Aroma, die Würze verduftet wortwörtlich. Bei gemahlenen Gewürzen geht das sogar noch schneller als bei Gewürzkörnern, denn sie haben eine größere Oberfläche, und über die Luft, die auch immer in den Gefäßen ist, oxidiert mehr weg. Das können Sie durch einen Riechtest überprüfen: Halten Sie Ihre Nase mal in frisch gekauftes Paprikapulver und dann in das, das Sie schon länger zu Hause haben. Markanter Unterschied, nicht wahr?

IN DER SCHUBLADE!

Sieht auch hübsch und ordentlich aus und macht aromatisch viel mehr Sinn. Denn in der Schublade verstaut sind Gewürze ebenfalls griffbereit und zudem vor Feuchtigkeit **GESCHÜTZT**.

PERFEKT!

Gewürze in kleine Gläser mit Schraubdeckel füllen, die sich sorgfältig verschließen lassen.

AUFBEWAHRUNG MIT SYSTEM nennt sich das. Und so geht's: Die Gewürze füllt man aus den Originalbehältern (die meist aus Plastik sind) in kleine Gläser mit Schraubdeckel oder in verschließbare Döschen aus Edelstahl. Auf die Deckel kann man mit Permanentmarker oder per Aufkleber den Namen oder eine Abkürzung der Gewürze schreiben. Schublade aufziehen – und auf einen Blick ist alles erkennbar. Übrigens: Gewürze kauft man nur in kleinen Mengen, dann sind sie immer frisch. Und am besten mahlt man die Körner vor dem Würzen selbst.

TROCKEN LAGERN?

Einige Lebensmittel sind mitunter besonders empfindlich, was die Lagerung angeht. So tendieren Kräuter und Spargel dazu, schnell **AUSZUTROCKNEN**, wenn die Umgebungsluft zu trocken ist.

BESSER NICHT!

Obwohl Sie noch länger unterwegs sind, rasch frische Kräuter kaufen? Sie trocknen aus …

TROCKEN BEWIRKT TROCKEN. Eigentlich eine ganz simple Aussage und Anweisung. Bei ohnehin trockenen Lebensmitteln wie Mehl oder Zucker ist klar, dass denen eine hohe Luftfeuchtigkeit gar nicht gut steht. Wenn aber die Salatgurke oder auch Kräuter schon nach wenigen Tagen im Kühlschrank schlapp machen, ist es dringend Zeit, sich zu informieren. Es nützt nichts, sich einen topmodernen Kühlschrank mit unterschiedlichsten Klimazonen anzuschaffen, wenn man nicht weiß, wie damit umzugehen ist.

AB INS FEUCHTBIOTOP!

Inzwischen gibt es in vielen Supermärkten Kräuter wie Petersilie in kompostierbaren **KUNSTSTOFFHÜLLEN**. Das Klima darin hält sie kühl gelagert lange frisch.

PERFEKT!
Spargel können Sie auch einfach in eine Wanne oder einen Eimer mit kaltem Wasser legen.

MIT EIN PAAR TRICKS NACHHELFEN. Frisch gestochener Spargel mag es feucht: Wickeln Sie ihn in ein feuchtes Tuch und dann in eine Kunststofftüte, sodass er bis zur Verwendung frisch bleibt. Das funktioniert mit anderen Gemüsen natürlich auch. Die links erwähnte Gurke bleibt wesentlich länger frisch, wenn man sie in ein angefeuchtetes Geschirr- oder Papiertuch einrollt – und nicht ins kälteste Fach des Kühlschranks legt. Eine kühle Temperatur von ca. 5 °C reicht vollkommen aus. Kräuter werden ebenfalls so gelagert.

Alles im Blick
Der Kühllogik folgend, weiß man immer genau, was wo ist. Abgelaufene Joghurtbecher? Gibt's zukünftig nicht mehr.

DER KÜHL-SCHRANK

Dass der Kühlschrank heute ein absolut normaler Alltagsgegenstand ist, hätte sich vor 100 Jahren (und das ist ja noch gar nicht so lange her) wohl niemand träumen lassen. Doch wirklich wertvoll ist er erst, wenn man ihn richtig organisiert.

Großraum. Blicken wir zunächst einmal auf die Temperatur. Moderne Kühlschränke verfügen über mindestens zwei voneinander getrennte Temperaturzonen. Da ist zunächst der eigentliche Kühlbereich mit seinen offenen, frei greifbaren Böden. Dic Werkseinstellungen der einzelnen Hersteller unterscheiden sich minimal voneinander, doch in der Regel liegt die Temperatur hier zwischen 5 und 8 °C. Ist im Grunde pauschal für alles ordentlich brauchbar. Doch Obacht – die konkrete Position im Kühlschrank beeinflusst die jeweilige Temperatur schon. In den Türfächern und im oberen Bereich ist es deutlich wärmer als in der Mitte. Auch unten im Gemüsefach sind es eher 8 bis 10 °C.

Biofresh-Zone, oft auch „Null-Grad-Zone" genannt, haben die neuen Kühlschränke. Wobei nicht genau 0 °C eingestellt sein sollte, denn dann frieren die Lebensmittel am Boden des Fachs an. Manchmal gibt es getrennte Frischezonen: eine für Gemüse und Salat (nicht ganz so kalt, dafür feucht), eine für Wurst und Fleisch (kälter und trockener).

Was wohin? Aus den genannten Temperaturverhältnissen ergibt sich, dass es nicht egal ist, wie man den Kühlschrank einräumt.

1 **Tür:** Hier sind oben Butter und ggf. ältere Eier, Marmeladen sowie geöffnete Getränkeflaschen gut aufgehoben. Nur Wein nicht – der oxidiert beim ständigen Öffnen durch das Schwanken viel zu rasch weg.

2 **Oben:** Reste, die bald verzehrt werden, Hartkäse, Eingelegtes wie Oliven oder getrocknete Tomaten.

3 **Mitte:** Ideal für Molkereiprodukte aller Art, also Joghurt, Quark, Käse.

4 **Unten:** In diesem Fach ist es kühler, also gehören Wurstwaren, Fisch oder Fleisch hinein. Hier dürfen es auch nur 2 bis 3 °C sein.

5 **Gemüsefach:** Der Name sagt schon, wer sich hier wohlfühlt. Im Idealfall herrschen ca. 8 °C. Wichtige Zusatzinfo: Nicht alles, was kühl gelagert wird, behält auch seine Inhaltsstoffe. Salate zum Beispiel verlieren fix ihre Vitamine.

BLIND VERTRAUEN?

BACKÖFEN SIND NIE GENAU. Es wird einem immer vorgegaukelt, dass man sich auf die Temperaturangaben eines Backofens verlassen kann. In Wahrheit ergibt sich eine gehörige Schwankungsbreite, vor allem bei Ober-/Unterhitze sind die Wärmeverteilung und der Hitzenachschub vieler Öfen ein echtes Problem. Gebäck beispielsweise kann dann außen schön aussehen, ist innen aber noch nicht durch. Bei Untersuchungen der Stiftung Warentest wurden Varianzen von bis zu 45 °C nachgewiesen. Ein GAU für gutes Garen.

KONTROLLE IST BESSER!

AUF NUMMER SICHER GEHEN. Wer wirklich wissen will, was im Backofen vor sich geht, überprüft die Temperatur seines Garguts mit einem Kerntemperaturmesser. Es gibt analoge oder digitale. Bei Letzteren kann man das Anzeigeelement per Magnet außen an der Backofentür platzieren. Den eigentlichen Messstab führt man bei einem Braten in die Mitte des Fleisches ein, bei einem Steak würde man ihn horizontal einführen. Inzwischen gibt es sogar – beliebt beim Grillen! – Geräte mit Apps fürs Smartphone.

UNTER NULL

Gegen gefrorene Lebensmittel ist – entgegen landläufiger Meinung – wenig bis nichts einzuwenden. Zwar wird immer die absolute Frische gepredigt, doch wenn man genauer hinschaut, ergibt sich ein völlig anderes Bild. Gefrorener Fisch ist, was die Bakterien betrifft, immer frischer als frischer Fisch, weil er meist schon nach dem Fang auf dem Schiff schockgefrostet und in Kisten verpackt wird. Wird die Kühlkette eingehalten, hat man so ein perfektes Lebensmittel. Ähnlich verhält es sich mit Gemüse oder Obst. Oder glauben Sie, dass das Obst im Laden jeden Tag erntefrisch ist? Eben …

Zu Hause richtig einfrieren

Wer einen Gefrierschrank oder zumindest ein Gefrierfach hat, kennt die Vorteile: Es ist immer wieder mal etwas übrig, das man gerade nicht verwerten kann – und wegwerfen möchte man es auch nicht. Also ist Einfrieren eine super Option. Ein paar Dinge sollten Sie beachten, damit Sie auch später Ihre Freude daran haben.

1. So frisch wie möglich

Es wäre unsinnig, wenn man beispielsweise Gemüse einfriert, das schon länger in der Küche herumgegammelt hat und sich am Ende seiner Haltbarkeitsdauer befindet. Also überlegen Sie lieber vor oder beim Einkauf, wovon Sie sich einen Vorrat einfrieren möchten. Die frisch gekauften Lebensmittel verarbeiten Sie sofort. Beim Beispiel Gemüse heißt das, es zu waschen, zu putzen und zu trocknen, um es dann in die später gewünschte Größe zu schneiden, zu blanchieren und einzufrieren.

Vorsicht: Friert man Gemüse zu feucht ein – und das gilt auch für andere nicht zubereitete Lebensmittel –, können sich im Inneren des Gefrierbehälters Eiskristalle bilden, die den gefürchteten „Gefrierbrand“ hervorrufen. Der Begriff bezeichnet das Auftreten ausgetrockneter Randschichten des Gefrierguts, das durch falsche Behältnisse, schwankende Temperaturen oder eben entstehende Feuchtigkeit ausgelöst werden kann. Daher der nächste wichtige Punkt:

2. Korrekt verpackt

Im Grunde ist es zunächst wichtig, dass die Verpackung das Einfrieren überhaupt „aushält“. Damit scheiden Lösungen wie Frischhaltefolie oder Pergamentpapier aus, weil sie luft- und feuchtigkeitsdurchlässig sind. Auch von Alufolie ist abzuraten. Greifen Sie lieber zu Gefrierbeuteln, die es entweder zum Zippen oder mit kurzen Drähten zum Zudrehen des Beutels gibt. Aber auch Kunststoffdosen mit Deckel sind eine gute Wahl und selbst Schraubgläser sind gut geeignet, so lange man sie nicht randhoch befüllt.

Generell soll so wenig Luft wie möglich an das Gefriergut gelangen bzw. in dem entsprechenden Behälter vorhanden sein. Also keine eher kleine Portion in eine zu große Dose füllen (wäre zudem Platzverschwendung).

Ideal ist die Verwendung von Vakuumierbeuteln, deren Dicke und Struktur sich für diese Zwecke einfach anbieten. Natürlich hat nicht jeder Haushalt ein (übrigens oft gar nicht mal teures) Vakuumiergerät, doch dessen Vorzüge müssen hier einfach genannt werden: Über das Vakuumieren wird die Luft aus dem Beutel entfernt und der Inhalt so vor Feuchtigkeit geschützt. Wer sich darüber hinaus nicht sicher ist, ob er die bereits vakuumierten Lebensmittel nicht vielleicht doch noch am nächsten Tag braucht, kann sie eingetütet im Kühlschrank einige Zeit ohne großen Qualitätsverlust lagern, um sie letztlich vielleicht doch einzufrieren. Dazu mehr auf Seite 43, im Kapitel „Sous-vide für Einsteiger".

3. Rein in den Froster

Manche Oberklasse-Gefrierschränke haben ein Fach mit der sogenannten „Schockfrost"-Funktion, die für ein extrem schnelles Herunterkühlen sorgt. Braucht man aber nicht wirklich. Hauptsache, das Gut kühlt gleichmäßig herunter. Daher sollten Sie Ihren Beutel nicht auf andere, bereits gefrorene Beutel legen – durch den direkten Kontakt gefriert der Inhalt dann ungleichmäßig. Wenn es geht, legen Sie den Beutel (bei Kunststoffdosen ist das weniger relevant) flach in eine freie Zone.

Wichtig: Vermeiden Sie, zu viele Beutel auf einmal gleichzeitig in den Gefrierschrank zu legen. Dadurch verlangsamt sich der Gefrierprozess insgesamt und es kann zu Qualitätseinbußen kommen. Also: Nichts überstürzen!

4. Wie kalt?

Üblicherweise sind Gefriergeräte vom Hersteller auf -18 °C eingestellt. Ältere Geräte unterliegen größeren Schwankungen, auch ein singuläres Gefrierfach eines Kühlschranks wird dieser Vorgabe sicher nicht immer gerecht. In diesem Zusammenhang erneut das Plädoyer für moderne Geräte, die nicht nur Strom sparen, sondern auch für eine gleichmäßige Temperatur sorgen, sei es als reines Gefriergerät oder in einer Kühl-/Gefrierkombination.

Noch ein Wort, falls es zu einem Stromausfall kommt: Gehen Sie kein Risiko ein. Bereits angetaute Lebensmittel sollten Sie nicht weiterfrosten nach dem Grundsatz „War doch nur außen ein bisschen weich!". Laden Sie besser spontan Ihre besten Freunde ein und veranstalten Sie in großer Runde ein Dinner unter dem Motto „Das Ende der Eiszeit".

Gefrierschrank vs. Truhe
Ganz klar: Schrank. Die Truhe hat durch ihre Tiefe zu viel Leerraum – da vergisst man einiges und verbraucht insgesamt mehr Energie. Durch die Fächer herrscht im Schrank mehr Ordnung.

DER GEFRIERSCHRANK

Anders als im Kühlschrank herrschen im Gefrierschrank keine unterschiedlichen Temperaturen. Dürfen ja auch gar nicht, denn was hier drin landet, soll für Wochen, Monate oder sogar mal ein ganzes Jahr in der ernährungstechnischen Versenkung verschwinden. Aber bitte auch hier mit System, sonst herrscht nach kurzer Zeit ein heilloses Durcheinander. Frisch eingefüllt weiß man ja immer, was das war. Aber Monate später?

Die ordentliche Beschriftung der Gefrierbehälter ist demnach recht hilfreich. Beschriften Sie entweder mit einem Permanentmarker den Beutel oder arbeiten Sie bei mehrfach verwendbaren Kunststoffdosen mit Aufklebern. Es muss ja nicht das genaue Einfrierdatum daraufstehen, es genügt eine Wochen- oder Monatsangabe.

Die Einfrierdauer hängt stark von dem ab, was eingefroren ist. Selbstgemachtes sollte eher zügig verbraucht werden, Fleisch und Fisch können auch mal ein Jahr lagern. Achten Sie generell darauf, den Überblick zu behalten. Lieber vor dem nächsten Einkauf mal nachsehen, ob vielleicht noch was im Gefrierschrank ist, was weg muss, als alles frisch zu kaufen. Spart Geld und im Zweifelsfall auch Aufwand.

Hier das **Einfrier-Einmaleins** zu den einzelnen Produkten:

1 **Fleisch** ist absolut unkompliziert und auch sehr lange haltbar. Nach einem Jahr sollte es dann aber doch herausgeholt und verwertet sein.

2 **Fisch** verhält sich ähnlich wie Fleisch. Bei beidem gilt, dass es vor dem Einfrieren gut abgetupft und damit getrocknet wird, um eine lange Lagerung wirklich optimal zu überstehen.

3 **Obst und Gemüse** lassen sich gut einfrieren, wenn es nicht zu wasserhaltige Sorten sind. Die könnten nach dem Auftauen zu matschig sein, was ihre weitere Verwendung einschränkt. 6 bis 9 Monate Einfrierdauer werden angeraten.

4 **Milchprodukte** verhalten sich sehr unterschiedlich. Butter und Hartkäse sind kein Problem, Weichkäse, Milch, Eier und Joghurt friert man eher nicht ein, sie verlieren an Aroma und Struktur. Auch hier ist nach ca. 6 Monaten der Verzehr angesagt.

5 **Brot und Backwaren** kennt man ja aus dem TK-Fach im Supermarkt. Geht also sehr gut.

INDUKTION FÜR ANFÄNGER

AUS SKEPSIS WIRD BEGEISTERUNG. Wer erst einmal begonnen hat, Induktionsherde zu nutzen, will schon bald nicht mehr darauf verzichten. Wetten, dass?

Zum Anfassen

Man kann immer die Henkel der Töpfe anfassen. Sie werden nicht heiß, da von unten keine Hitze vorbeizieht.

Fixe Hitze

Bei Induktion geht alles sehr schnell. Die Hitze ist sofort da – und nach dem Abschalten ganz schnell weg.

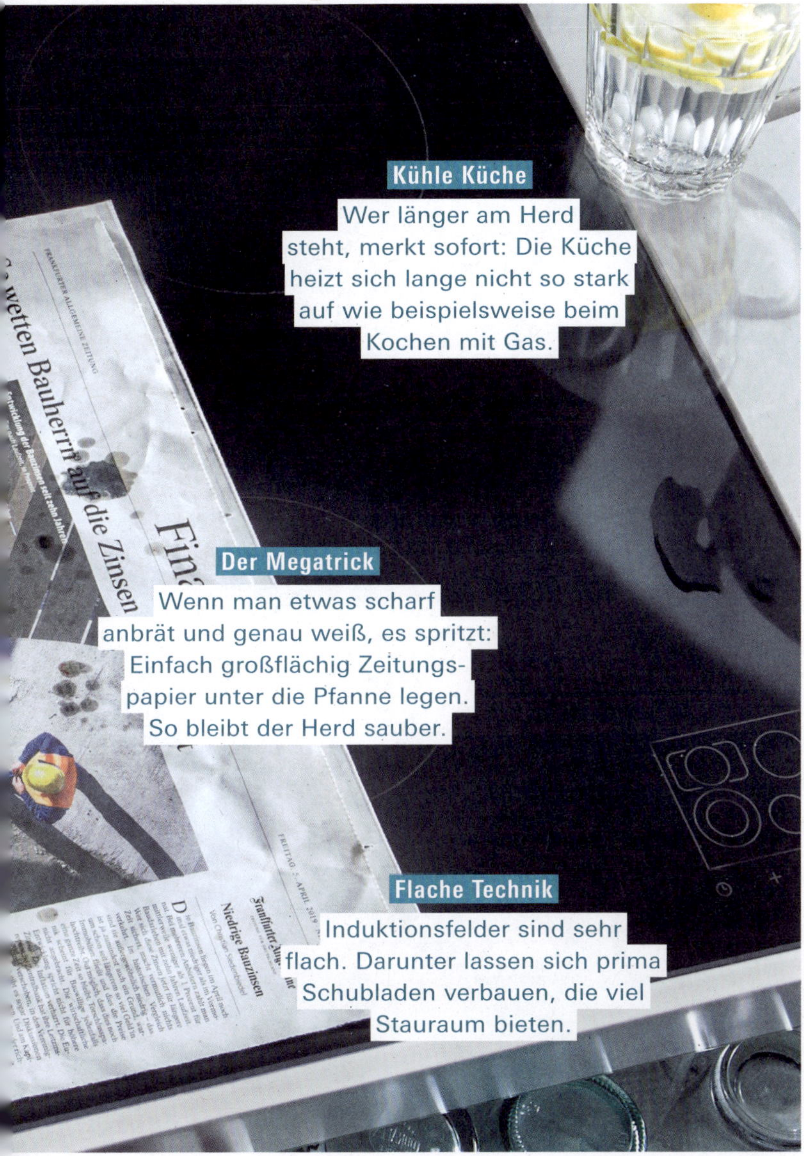

JEDE NEUE TECHNIK hat es zunächst schwer, sich durchzusetzen. Mal ist es der Preis, der einen zweifeln lässt, mal sind es Vorbehalte, ob man sie überhaupt braucht. Bei Induktion erzeugt eine Spule unter der Kochoberfläche ein magnetisches Wechselfeld, das in Verbindung mit Töpfen und Pfannen, die zumindest außen ferromagnetisch beschichtet sein müssen, den Inhalt des Kochgeschirrs erhitzt. Wenn man auf Induktion umsteigt, kann man einen kleinen Magneten an die Böden seiner Töpfe und Pfannen halten. Hält er, sind sie für Induktion geeignet. Und die Vorteile liegen auf der Hand:

- **Kaum Leistungsverlust**
  Keine seitliche Abstrahlung und damit eine hohe Effizienz.
- **Kostengünstiger Betrieb**
  Im Vergleich zu üblichen Cerankochfeldern sind Preiseinsparungen von bis zu 70 Prozent machbar, je nach Nutzung.
- **Kein Einbrennen.** Da die Kochfelder selbst nicht heiß werden (sie sind es nur, weil ein Geschirr mit heißem Inhalt draufsteht), brennt nichts ein und der Herd bleibt sauber.

Einfacher geht es nicht

Bei Sous-vide spielt es in vielen Fällen keine Rolle, ob etwas nun 2 oder 3 Stunden gart. Weil die Temperatur so niedrig ist, kann nichts schiefgehen.

SOUS-VIDE FÜR EINSTEIGER

Es weiß noch längst nicht jeder, was Sous-vide ist. Das Verfahren ist erst in den letzten Jahren richtig aufgekommen. Dabei ist diese Technik in der Gastronomie schon lange üblich. Ganz einfach ausgedrückt werden Lebensmittel vakuumiert, um sie dann in Wasser oder im Dampf zu garen.

Warum das Ganze? Die Ursache liegt in der reinen Physik, wie fast immer beim Kochen. Wasser ist ein deutlich besserer Wärmeleiter als Luft. Wenn also ein Lebensmittel unter Luftausschluss gegart wird, kann es wesentlich kontrollierter und schonender zubereitet werden. Natürlich möchte man ein Stück Fleisch oder Fisch nicht einfach so ins Wasser werfen – daher wählt man den Umweg über einen speziellen Vakuumierbeutel.

In Plastik kochen? Hört sich zunächst seltsam an, doch die Folien sind zum einen absolut lebensmittelecht und zum anderen findet der Prozess bei sehr niedrigen Temperaturen von 43 °C bis maximal 65 °C statt. Also keine Angst: Da schmeckt nix nach Plastik!

Was hat man davon? Butterweichen Fisch, unglaublich zartes Fleisch, welches nicht übergaren kann. Ein Steak beispielsweise behält eine durchgehend rosa Farbe. Aber auch Gemüse profitiert von der schonenden Garung.

Was benötigt man dafür? Zunächst ein Vakuumiergerät, die entsprechenden Folien und dann einen Dampfgarer oder einen Sous-vide-Stab. Der funktioniert wie ein Tauchsieder, kann aber bis auf ein Zehntelgrad eingestellt werden. Und er besitzt die Funktion „Wasserumwälzung“, sodass das Gargut ständig umspült wird.

Wir exerzieren das Ganze hier mal Schritt für Schritt am **Beispiel eines Rumpsteaks:**

1 **Vakuumieren:** Das Fleisch ungewürzt, vielleicht mit einem kleinen Zweig Rosmarin versehen, in einen Beutel legen, ins Vakuumiergerät geben, Luft aussaugen lassen und den Beutel verschweißen.

2 **Garen:** Den Dampfgarer oder den Stab auf 59 °C einstellen (für medium) und das Fleisch 90 Minuten garen.

3 **Anbraten:** Das Steak aus dem Beutel holen, trocken tupfen und in einer Pfanne mit Fett von beiden Seiten kurz und scharf anbraten für die Röstaromen. Erst jetzt mit Pfeffer und Salz würzen.

Natürlich kann man sich beim Einkauf treiben und inspirieren lassen vom aktuellen Angebot. Wesentlich effizienter und letztlich auch günstiger ist aber, sich vorher zu überlegen, was man braucht. Und wo man dafür hinmuss.

PLANUNG UND EINKAUF

WIE UND WO EINKAUFEN?

Wo jemand einkauft, richtet sich im Alltag bei den meisten Menschen danach, wo sie wohnen oder arbeiten – also danach, wo es am praktischsten ist, kurz anzuhalten. Wer in der Stadt wohnt, hat oft eine große Auswahl an Geschäften in Laufweite. In ländlichen Gebieten hingegen, wo es auf den Dörfern ofmals noch nicht mal mehr einen Metzger oder Bäcker gibt, fährt man mit dem Auto. Und es macht natürlich einen Unterschied, ob man nur eben was fürs Abendessen besorgen oder den Großeinkauf für die ganze Woche erledigen will.

Einkaufen ist Emotionssache

Einkaufen ist sehr emotional und individuell. Und zwar, weil man sich stark mit seiner Ernährung und der Beschaffung der jeweiligen Zutaten beschäftigen kann – oder auch nicht. Es sind fast schon politische Entscheidungen: bio oder konventionell, regional oder ganz egal, mit Fleisch oder vegetarisch.

Bio und/oder regional?

Diese Frage lässt sich nicht eindeutig beantworten. Mit „bio" verbindet man oft eine falsche Vorstellung, nämlich die von glücklichen Hühnern, ungespritztem Gemüse und einer weitgehend manuellen Herstellung. Das ist natürlich in der heutigen Lebenswirklichkeit ein Wunschbild, zumal es verschiedene Bio-Labels mit unterschiedlichen Vorgaben und Standards gibt. In vielen Fällen liegen konventionell erzeugte Lebensmittel qualitativ gleichauf mit Bioware, was Aussehen, Geruch und Geschmack angeht. Obst und Gemüse hingegen verzeichnen hier einen Vorsprung, sie weisen einfach weniger bzw. keine Pflanzenschutzrückstände auf. Dafür ist bio im Normalfall teurer. Ein anderes Thema, welches aber auch hierzu gehört, ist die Ökobilanz. Die ist nämlich im Frühjahr bei einem argentinischen Apfel sogar besser als bei einem heimischen, der im Stickstofflager viel Energie verbraucht. Bio oder nicht: ein komplexer Bereich! Mit regionalem Einkauf unterstützt man aber in jedem Fall die heimische Landwirtschaft.

Saisonal rockt!

Der erste Schritt ist, den Einkaufs- und Speiseplan nicht nur nach dem auszurichten, worauf man gerade Lust hat, sondern zu schauen, was gerade im Angebot ist. Erdbeeren oder Spargel zu Weihnachten mögen zwar ausgefallen sein, schmecken aber nach nichts, sind teuer und auch ökologisch gesehen Quatsch. Sie sollten lieber mit den Jahreszeiten gehen! Ein entscheidender Pluspunkt neben bester Qualität: günstigere Preise. Das, wovon es viel gibt, wird billiger angeboten. Der Verbraucher profitiert in jeder Hinsicht. Und an jedem Einkaufsort.

Supermärkte

Der Einkauf im Supermarkt ist inzwischen die Regel geworden. Man muss nur einmal fahren, einmal parken, einmal einen Einkaufswagen schieben, einmal bezahlen – fertig! Das Sortiment hat sich in den meisten Ketten insoweit verändert, dass das gleiche Produkt oft in unterschiedlichen Preis- und Qualitätsstufen angeboten wird, nicht selten auch unter Eigenmarken. Mancher fühlt sich vom Überangebot erschlagen; so kann man wirklich sagen, dass das Angebot nirgendwo so groß ist wie im Supermarkt – was ein enormer Vorteil sein kann. Gute Märkte setzen auch in den Obst- und Gemüseabteilungen nicht nur auf frische und attraktive Ware, sondern beziehen Erzeuger aus dem direkten Umland ein – was natürlich die regionale Landwirtschaft stärkt.

Einzelhandel

Während man im Supermarkt an der Wurst- und Fleischtheke nie so recht einschätzen kann, wo die Ware nun eigentlich herkommt, weiß man das beim Bäcker oder Metzger deutlich eher. Wobei der Ehrlichkeit halber gesagt werden muss, dass Bäcker in vielen Fällen industriell vorgefertigte Teiglinge verwenden und nicht jeder Metzger ausschließlich selbst geschlachtete Ware verkauft. Gute Lebensmittelhandwerker freilich verstehen ihr Geschäft und sind stolz darauf, ihr bestmögliches Produkt anzubieten. Die Produkte sind regional, man hat als Kunde immer auch die Chance, direkt nachzufragen.

Discounter

Diese haben in den letzten Jahren ihr Schmuddelimage ablegen können, auch weil sie in Sachen Qualität aufgeholt haben. Jedes fünfte Bio Produkt in Deutschland wird bei Discountern verkauft. Billiger heißt längst nicht mehr schlechter. „Das Geld wird beim Einkauf verdient, nicht beim Verkauf", lautet eine alte Regel, die auch hier gültig ist.

Wochenmärkte und Direktmarketing

Noch immer gilt der Einkauf auf dem Wochenmarkt oder auf dem Bauernhof, beim Imker oder beim Winzer als die „beste" Lösung überhaupt. Kleine Händler, regionale und saisonale Produkte und das persönliche Gespräch punkten. In der Tat ist Letzteres ein ganz wichtiger Faktor, da, wie eingangs erwähnt, Einkaufen wie auch Kochen und Essen stark emotional geprägt ist. Außerdem können Sie sich mit den Erzeugern gleich über Zubereitungsarten austauschen.

Macht Appetit?
Wenn einem das Wasser im Mund zusammenläuft, rutscht das Rezept in die enge Auswahl. Denn das ist wohl das stärkste Kriterium, ob es einen anspricht oder nicht.

VOM UMGANG MIT REZEPTEN

Es gibt Millionen Rezepte weltweit. Manche sind überragend kreativ und neu, die meisten jedoch Variationen einer Grundidee, bei denen hier eine Zutat, dort eine Würzung und wieder woanders eine Garmethode den Unterschied ausmacht. Doch wie erkennt man bereits im Vorfeld, ob ein Rezept etwas taugt?

Überschaubarkeit ist für die Umsetzung im Alltag ein wichtiger Punkt. Werden 47 Zutaten aufgeführt, die man in fünf Läden unter zeitlichem Einsatz von drei Stunden besorgen muss, kommt das schönste Gericht für ein schnelles Abendessen einfach nicht infrage. Es muss nicht zwangsläufig alles schnell gehen und aus drei Zutaten bestehen, doch eine gewisse Grundpraktikabilität sollte gegeben sein.

Rezepte sind Vorschläge und in den meisten Fällen keine Anweisungen, die zu 100 Prozent befolgt werden müssen. Ruft ein Rezept zehn Zutaten auf und Sie haben vielleicht das eine oder andere Gewürz nicht auf Vorrat, können Sie es oft durch etwas anderes ersetzen. Vielleicht gewinnt das Rezept dadurch sogar?

Das Durchlesen des Rezeptes vor dem Kochen kann schon wichtige Erkenntnisse bringen. Sind bei den Zutaten Dinge aufgelistet, die hinten nie wieder erscheinen? Keine Temperaturen oder Zeiten angegeben? In solchen Fällen dürfen Sie nicht darauf vertrauen, dass alles gelingt. Ein weiterer Aspekt ist, ob sich die jeweiligen Mengen (meist für vier Personen veranschlagt) leicht auf Ihre Bedürfnisse umlegen lassen.

Rezeptquellen sind vielfältiger Natur. Die gängigsten davon mit Vor- und Nachteilen sind:

1 **Kochbücher:** Vielfach thematisch angelegt, findet man hier für die gewünschte Richtung eine gute Auswahl. Die Rezepte wurden verlagsintern geprüft und oft auch nachgekocht, sodass sie so gut wie immer stimmig sind und funktionieren.

2 **Internet:** Rasch geklickt, schnell gefunden. Eine riesige Auswahl, leider oft von zweifelhafter Herkunft und von Amateuren. Keine Gelinggarantie.

3 **Zeitschriften:** Hier sind oft Experten am Werk, die in den Versuchsküchen die Rezepte ausprobieren. Oder es werden externe Fachleute dafür eingekauft. In der Regel darf man davon ausgehen, dass solche Vorschläge auch zu Hause bei Ihnen klappen.

STRENG NACH REZEPT?

Einem Rezept müssen Sie – zumindest wenn es ums Kochen geht – nie zu 100 Prozent folgen. Natürlich können Sie das, und wenn es ein gutes Rezept ist, wird es auch zu einem wunderbaren Ergebnis führen. Aber viel mehr Spaß macht es, die Vorgaben den eigenen Vorlieben anzupassen. Oder auch den äußeren Erfordernissen, aus welchen Gründen auch immer. Haben Sie Mut, Neues auszuprobieren. Überraschen Sie sich selbst mit kleinen geschmacklichen Exkursionen und Umwegen. Es wird dazu führen, dass Sie in Ihrer eigenen Einschätzung, was man wann wie kocht, noch sicherer werden. Wenn Sie ein Rezept auswählen, macht es aber natürlich Sinn, Anlass und Umstände bereits zu berücksichtigen.

Nach Saison

Frische ist bei Lebensmitteln ein besonders wichtiges Thema. Und da fahren Sie am besten, wenn Sie sich nach der jeweiligen Saison richten. Das gilt in erster Linie natürlich für Obst und Gemüse, aber beileibe nicht nur. Lamm etwa werden Sie aus heimischer Erzeugung in der ersten Jahreshälfte aromatischer und frischer bekommen als im Herbst. Als Anregung kann auch unsere kleine Saisonübersicht auf Seite 69 dienen.

Highlights: Sie werden auch geschmacklich den Unterschied merken, selbst bei einem so einfachen Gericht wie Matjesheringe mit jungen Kartoffeln im Juni (Top) oder im Dezember (Flop).

Nach Personenanzahl

Ein großer Tisch mit vielen Gästen ist herrlich – stellt aber mitunter den Gastgeber vor größere Probleme hinsichtlich der Kalkulation der Mengen. Die meist für vier Personen angegebenen Mengen der Grundzutaten können Sie bedenkenlos nach oben anpassen – seien Sie jedoch etwas vorsichtiger, was das Würzen angeht. Hier sollten Sie tatsächlich abschmecken und nicht blind multiplizieren. Manche Gewürze sind recht intensiv und würden den Geschmack übertönen.

Menü: Servieren Sie nicht nur einen Gang, sondern mehrere, belassen Sie bei zum Beispiel acht Personen die Mengen für vier. Es gibt ja noch mehr – und satt wird sowieso jeder.

Nach Ernährungsstil

Vorlieben, Allergien oder Unverträglichkeiten geben heute bei vielen Menschen die Ernährung vor. Hat man noch vor 50 Jahren gegessen, was auf den Tisch kam, ist dies heute längst nicht mehr so. Vegetarier beispielsweise fühlen sich heute zurecht gedemütigt, wenn sie nur mit den Beilagen abgespeist werden. Man kann sich hier schon etwas kreativer zeigen, denn nahezu jedes Gericht lässt sich auch in einer leichteren, fleischlosen Variante zubereiten. Mit wahnsinnig guten Geschmacksergebnissen.

Tipp: Sie machen Schnitzel? Dann panieren Sie einfach mal eine Scheibe Sellerie oder Kohlrabi. Da wird jeder Vegetarier happy.

Nach Budget

Wenn in der Kasse gerade Ebbe herrscht, kann man dennoch tolle Sachen auf den Tisch zaubern. Das geht, indem man aufs Saisonale setzt und auf günstige Lebensmittel wie Kartoffeln und Hülsenfrüchte. Bei Fleisch müssen es nicht immer die vermeintlich „edlen" Teile wie Filet oder Rücken sein. Aus günstigen Stücken wie Wade oder Bäckchen lassen sich hervorragende Schmorgerichte zaubern. Und: Kochen Sie ruhig größere Portionen und frieren Sie die Reste ein. Spart pures Geld und Zeit.

Angebote: Achten Sie auf die Aushänge beim Einkaufen. Manchmal müssen Waren einfach nur „weg", ohne dass sie in der Qualität schlechter sind.

Nach Zeit und Aufwand

Situationen bestimmen ja oft unser Tun, so auch beim Kochen. Manchmal haben wir Lust, Anlass und die Zeit sowie, ganz wichtig, die entsprechenden Gäste, um größer aufzukochen. Dann dürfen das opulentere Gerichte nach aufwendigeren Rezepten sein – so kann man richtig punkten. An anderen Tagen muss es schnell gehen. Damit das Essen dann dennoch abwechslungsreich bleibt, hier dieser Tipp aus der Praxis:

Praktisch: Nicht immer hat man alles im Kopf, was man gerne isst. Legen Sie sich eine kleine Liste mit Ihren Lieblingsgerichten an und suchen Sie sich zudem 10 bis 15 weitere Gerichte, die fix zu kochen sind und wenige Zutaten benötigen.

Buntes Miteinander
Ein gemeinsamer Abend kann unterschiedlich gestaltet werden: viele kleine Gänge in Tapasmanier oder ein deftiges Gulasch als Hauptspeise. Als Dessert ein erfrischendes Eis oder eine edle Käseplatte … Wie Sie dementsprechend die Mengen kalkulieren, steht rechts.

MAL MEHR ALS VIER PERSONEN?

Die Kalkulation der Mengen der einzelnen Zutaten hängt von vielerlei Faktoren ab. In der Regel sind in fast allen Rezepten die Zutaten für vier Personen angegeben. Bei Rezepten im Internet kann man in manchen Food-Portalen auch die Mengen für den eigenen Bedarf justieren, indem man die gewünschte Personenzahl in einem Pull-down-Menü anklickt. Doch lohnt es sich auch, gewisse andere Szenarien zu berücksichtigen.

1 Die Anzahl der Esser gibt natürlich den Maßstab an. Dazu kommt aber auch, um welche Personen es sich handelt. Sind es überwiegend Männer oder Frauen oder gleicht sich das in etwa aus? Jüngere Männer essen meist deutlich mehr als ältere, in diesem Fall können Sie mit dem Faktor 1,3 kalkulieren. Bei jüngeren Frauen ist es häufig andersherum. Essen Kinder mit, kommt es natürlich darauf an, was es gibt. Meist lässt sich jedoch pro Kind mit dem Faktor 0,5 rechnen. Letztlich kennen Sie Ihre Gäste aber am besten und können einschätzen, wie beherzt sie zulangen werden.

2 Ein einzelnes Gericht wird immer höher kalkuliert als die Zutaten in einer Menüfolge. Stehen also in einem Rezept 250 Gramm Fleisch pro Person, dann ist dies definitiv als Einzelgericht angegeben, von dem die Gäste satt werden sollen. Im Rahmen eines Menüs oder auch bei einem Buffet brauchen 180 bis 200 Gramm nicht überschritten zu werden. Das gilt ebenso für die Beilagen wie Kartoffeln, Reis oder Nudeln. Im Menü sind sie reiner Zusatz und werden nicht als „Sättigungsbeilage" erwartet und vertilgt wie beim einzelnen Gericht.

3 Die weiteren Umstände wollen auch noch beachtet werden: Ist es Mittag oder Abend? Welche Jahreszeit herrscht gerade? Im Winter neigt man dazu, sich etwas mehr zu gönnen, um sich „von innen heraus" zu wärmen. Im Frühling und Sommer isst man leichtere Gerichte und häufig auch kleinere Mengen – je größer die Hitze, desto geringer der Appetit. Das kennen wir alle.

4 Sonst noch was? Weitere Beilagen wie Brot oder Salat reduzieren die anderen Mengen. Auch, wenn es hinterher als Abschluss noch ein Dessert oder eine Käseplatte gibt, kann man von weniger Bedarf pro Person ausgehen. Kleiner Tipp: Kommunizieren Sie, was Sie an Essen vorbereitet haben. Dann kann sich jeder von Beginn selbst darauf einstellen.

TROCKENE GRUNDNAHRUNGSMITTEL

Eine gewisse Vorratshaltung ist absolut sinnvoll. Man muss ja nicht alles in rauen Mengen horten, doch hat es seine Vorteile, wenn bestimmte Dinge immer im Haus sind. Zwar besagt die europäische Gesetzgebung, dass Lebensmittel nicht weiter als drei Jahre im Voraus datiert werden dürfen, doch das betrifft das Mindesthaltbarkeitsdatum, nicht das Verbrauchsdatum. Am besten gehen Sie dazu über, das, was Sie als Ersatz gerade aus dem Vorratsschrank geholt haben, sofort auf die Einkaufsliste zu setzen, damit es wieder als Reserve vorhanden ist. Diese Vorgehensweise betrifft im Grunde alles, was nicht frisch gekauft wird. Dann steht spontanem Kochen nichts mehr im Weg.

Pasta und Reis

Die „Muss"-Zutaten schlechthin. Laut Marktforschung isst jeder Deutsche mindestens einmal pro Woche Pasta. Egal ob mit Pesto, als Beilage oder auch als Gratin. Wegen ihrer langen Haltbarkeit lohnt es sich, Sonderangebote zu nutzen, bei denen die Nudeln mitunter zum halben Preis angeboten werden.

Bei Reis sollten Sie idealerweise immer je eine Packung Langkorn-, Basmati- und Risottoreis in petto haben. Süßmäuler natürlich auch Milchreis.

Sichergehen: Um Pasta und Reis vor Schädlingsbefall zu schützen, bewahrt man die Packungen in einem großen verschließbaren Plastikbehälter auf.

Zucker und Mehl

Anpassen an Ihren wirklichen persönlichen Bedarf, heißt hier die Devise, mehr noch als bei anderen Lebensmitteln. Wenn Sie Ihre Heißgetränke nicht süßen und auch kaum backen, wird der Zucker bei Ihnen ewig halten.

Trauen Sie sich auch mal an andere Sorten als nur an das Standardmehl Type 405. Roggen- oder Dinkelmehle bringen mehr Geschmack. Und Spätzleschaber haben eh immer Spätzlemehl daheim.

Umfüllen: Zucker und Mehl dürfen nicht feucht oder gar nass werden, sonst sind sie nicht mehr zu gebrauchen. Füllen Sie beides in große Schraubgläser um – praktisch und sauber.

Kartoffeln

Sage und schreibe 58 Kilogramm Kartoffeln verzehrt der Deutsche pro Kopf und Jahr, und das sind eben nicht nur Chips und Pommes. Das Wichtigste bei Kartoffeln ist, sie kühl und dunkel aufzubewahren, sonst fangen sie schnell an zu keimen. Kartoffeln dürfen Sie nicht neben Äpfeln, Birnen, Pfirsichen oder Pflaumen lagern. Diese Früchte sondern das Gas Ethylen ab, welches die „Krumbeeren" rascher reifen lässt oder gar verdirbt.

Optimal: Plastikbeutel sind zur Lagerung von Kartoffeln ungeeignet, dann beginnen sie zu schimmeln. In einem Leinensack oder einer Holzkiste gelagert kommt Luft an sie ran, das ist viel besser.

Hülsenfrüchte

Getrocknet brauchen Hülsenfrüchte wie Linsen oder Bohnen manchmal zwar etwas Einweichzeit (was am Vorabend schnell erledigt ist), doch dafür sind sie nahezu unbegrenzt haltbar. In der Speisekammer behandelt man sie genauso wie Mehl und Zucker – man füllt die Hülsenfrüchte in Gläser und stellt sie ins Regal oder in den Schrank. Am besten schneiden Sie noch die Packungsanleitungen aus und kleben sie auf die Gläser.

Optional: Achten Sie darauf, ob Sie geschälte oder ungeschälte Hülsenfrüchte kaufen. Letztere können, zu warm gelagert, runzlig werden und an Farbe verlieren. Zudem müssen sie länger gekocht werden.

Zwiebeln und Knoblauch

Tränen vermeiden kann man auch, indem man stets frische Zwiebeln zu Hause hat – für ein Lächeln im Gesicht und viel Aroma im Mund. In Sachen Lagerung gilt das Gleiche wie für Kartoffeln: Kühl und dunkel muss es sein, sonst bilden sie Sporen aus und faulen.

Ähnlich verhält es sich beim Knoblauch. Kaufen Sie hier besser einzelne Knollen anstatt ein Bund oder einen Zopf. Die sind zur Deko vielleicht hübsch, doch die Zehen trocknen rasch aus. Wenn's geht, zu jungem, frischem Knoblauch greifen.

Lieber nicht: Im Kühlschrank halten Zwiebeln zwar sehr lange, verlieren aber schnell und viel an Geschmack.

GRUNDNAHRUNGSMITTEL: DOSE, TK & CO.

Dosenware ist was für Leute, die nicht kochen können? Tiefkühlware ist so etwas wie Convenience-Food? Beides Unsinn, solange es sich nicht um verarbeitete Lebensmittel handelt. Eine Dose ist nur ein Behältnis, und zwar aus hygienischen Gesichtspunkten betrachtet ein enorm sicheres. Und etwas tiefzukühlen (nicht langsam, sondern industriell schockgefrostet) ist auch nichts weniger als die ideale Form, es auf längere Zeit haltbar zu machen.

Ein paar Dinge im Kühlschrank gehören noch dazu, dann hat man, zusammen mit den trockenen Vorräten der vorherigen Seite, einen echten Grundstock parat.

Tomaten

Immer reif: Tomaten aus der Dose bringen stets viel Geschmack. Kein Wunder, werden sie doch vollreif geerntet und sofort für die Dose weiterverarbeitet. Das ist gegenüber den frischen Tomaten, die wir nur in wenigen Sommermonaten in der gewünschten Qualität beziehen können, ein ausgewiesener Vorteil. Aber es gibt natürlich auch hier große qualitative Unterschiede. Probieren Sie also verschiedene Marken aus, um die Tomaten mit dem für Sie besten Geschmack herauszufinden.

Ganz? Stückig? Ist eine reine Frage der Vorliebe und der Praktikabilität. Ganze Tomaten sind meistens etwas schonender hergestellt.

Kokosmilch

Schön cremig: Wer asiatische Küche mag, kommt an Kokosmilch natürlich nicht vorbei. Kokosmilch ist übrigens nicht die Flüssigkeit in der Kokosnuss, sondern das mit Wasser pürierte und dann ausgepresste Weiße der Frucht. Und Kokosmilch ist gesund. Zwar hat sie einen Fettgehalt von 15 bis 22 Prozent, doch sind dies Fette, die vom Körper sehr rasch zu Energie verbrannt werden. Gut für uns, gut für das Curry in der Wokpfanne.

Praxistipp: Nicht immer braucht man eine ganze Dose für sein Rezept. Reste daher in ein Schraubglas füllen, in den Kühlschrank stellen und innerhalb der nächsten 4 bis 5 Tage verbrauchen.

Milchprodukte

Kuh im Kühlschrank: Es ist nie verkehrt, etwas Sahne, Schmand, Crème fraîche oder Quark im Kühlschrank zu haben. Mal ein Klecks hier, mal ein Schuss da – zum Abrunden oder zum Absoften – als kleiner weicher Schmeichler eben. Auch Butter reiht sich hier natürlich ein. Ein Küchenleben ohne Butter wäre eine oft traurige Angelegenheit. Sie ist geschmacklich dem Kunstprodukt Margarine immer vorzuziehen, wenngleich man es mit ihrer Verwendung ja nicht gleich übertreiben muss.

Nasencheck: Auch wenn das offizielle Haltbarkeitsdatum überschritten ist: Aufreißen, dran riechen und sich freuen, dass alles okay ist. Oder weg damit.

Parmesan

Das gewisse Plus: Eine Küchenweisheit besagt, dass mit Käse alles besser schmeckt. Oft stimmt das sogar. Gereifte Hartkäse wie Parmesan sind die absoluten Umami-Bringer. Ähm, was war noch mal umami? Ach ja, der fünfte Geschmack neben süß, sauer, salzig und bitter. Das Wohlgefühl am Gaumen. Entsteht durch Konzentration oder Reifung – oder beides wie beim Parmesan.

Brüder: Es gibt die italienischen Hartkäse „Parmigiano Reggiano" und „Grana Padano". Der Erste soll aus Parma stammen, der Zweite kommt aus der Po-Ebene, ist sehr ähnlich, günstiger und in der Küche prima zu verwenden.

TK-Gemüse

Frisch und praktisch: Man braucht Tiefkühlkost nicht zu belächeln. Es handelt sich nicht um „B-Ware", denn hier wird, ähnlich wie bei den Dosentomaten, reifes Gemüse für den späteren Verbrauch präpariert. Ohne weitere Zutaten. Besonders praktisch und daher auch beliebt sind Gemüsesorten, die nicht lange aufgetaut, sondern herausgeholt und sofort verwertet werden können, weil sie klein genug eingefroren wurden. Dazu zählen Erbsen, Spinat oder auch der Mix mit kleinen Möhrchen.

Clever: Das Gemüse ist locker oder – bei Spinat – gewürfelt gefroren. Das ist natürlich super zum gezielten Portionieren!

DIE WÜRZE MACHT'S

ABSCHMECKEN MACHT DEN UNTERSCHIED. Man kann vorneweg noch so gut arbeiten, erst die Feinjustierung bringt das gewünschte Ergebnis.

Pfeffer

Eines der wichtigsten Gewürze überhaupt. Schwarze Pfeffersorten reichen von mild bis feurig, weißer Pfeffer ist strenger und riecht bisweilen fast animalisch.

Säure

Wenn etwas zu lasch schmeckt, kann Säure die Lösung sein. Würzen Sie mit gutem Weinessig oder mit Zitrusfrüchten. Zitrone ist sehr sauer, Limette etwas süßer.

Süße

Eine Prise davon tut manchen Gerichten wirklich gut zur Abrundung. Oft bietet sich Honig an, der gegenüber Zucker auch mehr Textur bringt.

Salz

Es gibt Lebensmittel, die schlucken Salz weg wie nichts (Kartoffeln), bei anderen ist ein Einsatz mit Fingerspitzengefühl nötig. Allgemein gilt: Salz fördet den Geschmack.

Schärfe

Chilis, Peperoni & Co. peppen Speisen mal so richtig auf. Die Schärfe sollte jedoch dem Gericht dienlich sein und nicht alles andere überlagern.

Gewürze

Die Auswahl ist riesengroß. Doch beschränken Sie sich im Einzelfall auf wenige Gewürze, sonst gehen die meisten Aromen im großen Brei unter.

DER GESCHMACK ist am Ende das alles Entscheidende. Dann geht's nicht darum, wie er dahin gekommen ist, sondern wie er sich auf dem Teller präsentiert. Nur das interessiert die Mitesser und Sie selbst natürlich auch. Also ist das Abschmecken ein enorm wichtiger Schritt. Aber mit Gefühl: Nicht gleich eine ganze Schippe Salz draufgeben, wenn Sie das Gefühl haben, hier könnte noch etwas fehlen. Und vor allem Vorsicht bei Gewürzen, die für sich genommen extrem schmecken. Dazu zählen Zimt, Muskatnuss oder Lorbeer, bei Kräutern Salbei oder Liebstöckel. Damit können Sie unter Umständen das ganze Gericht verderben, weil Sie es überwürzen.

NICHTSDESTOTROTZ: Seien Sie mutig und würzen Sie beherzt, denn mit fadem Geschmack ist niemandem gedient. Es gibt gewisse „Gewürzfamilien", bei denen Sie kaum etwas falsch machen können. Beispielsweise Koriandersamen, Pfeffer, Kreuzkümmel, Ingwer und Zitronengras. Geht immer gut gemeinsam!

KOCHEN OHNE REZEPT – MUT ZUM EXPERIMENT

Ganz ohne Rezept zu kochen – nicht das Gewohnte, sondern etwas Neues – stellt die meisten Menschen vor ein echtes Problem. Es fehlt einfach das Gefühl für die benötigten Mengen, für die Soße, für die Würzung. Was passt zusammen, was nicht? Wie lange braucht das im Topf/auf dem Herd/im Ofen? Bei welcher Temperatur?

Es hört sich ja auch ziemlich kompliziert an. Auf was man alles achten muss! Die Wahrheit ist: Es ist doch „nur" kochen. Sie sind kein Drei-Sterne-Gourmettempel, sondern wollen einfach für sich, Ihre Familie oder Freunde etwas zum Essen auf den Tisch bringen. Und dabei mal aus der Routine ausbrechen.

Es stimmt schon: „Freies Kochen" – also einfach ohne großen Plan auf den Markt gehen und schauen, was gerade angeboten wird, oder mit den vorhandenen Möglichkeiten des Kühlschranks etwas Leckeres aus dem Ärmel schütteln – ist nicht ganz so einfach, wie es einem versierte Köche vorgaukeln. Auskennen muss man sich in solchen Fällen in: Warenkunde, Kochtechnik, Kombinationen. Wer sich ans kreative Kochen herantasten will, braucht ein paar Grundlagenkenntnisse, um nicht sofort verloren zu sein. Daher hier einige nützliche Tipps für all diejenigen, denen das nicht so leicht von der Hand geht.

1. Nicht zu viel wollen.

Bleiben Sie einfach. Tolle Gerichte glänzen nicht dadurch, dass sie besonders viele verschiedene Zutaten haben oder total kompliziert zuzubereiten sind – ganz im Gegenteil. Die Eigengeschmäcker kommen dann am besten heraus, wenn man sich auf drei, vier, fünf Zutaten beschränkt. Den Kick kann ein Extragewürz beisteuern.

2. Niedrige Temperaturen nutzen.

Egal was Sie machen, fahren Sie den Herd nicht auf volle Leistung. Einzige Ausnahme ist das Aufkochen von Wasser beispielsweise für Nudeln. Man tendiert dazu, alles zu schnell bei zu hohen Temperaturen zu garen. Das hat zur Folge, dass mit dem Dampf viele Aromen aus dem Topf flöten gehen und man weniger Kontrolle besitzt. Lebensmittel können anbrennen, Zutaten garen ungleich durch – was bei einem unsicheren Koch sofort Schweißperlen hervorruft. Ein großer Küchenchef hat einmal gesagt: „Wenn's in der Küche zu gut riecht, läuft im Topf was falsch …", und genau so ist es. Rechnen Sie beim Herstellen der Soße lieber eine halbe Stunde dazu. Wenn Sie zartes Fleisch haben möchten, stellen Sie Ihren Braten bei einer Temperatur von 80 °C in den Ofen und garen Sie ihn sechs, acht oder zehn Stunden. Es kann nichts passieren, das Fleisch übergart nicht und wird umso zarter.

3. Reihenfolgen beachten.

Sie merken es meist schon beim Anfassen, beim Schneiden, beim Zerkleinern – nicht alle Lebensmittel sind gleich hart und gleich weich. Sellerie ist härter als Paprika, Tomate saftiger als Möhre. Also haben solche Lebensmittel auch unterschiedliche Garpunkte. Wenn Sie nun verschiedene Gemüse zusammen in einem Topf kochen, geben Sie zuerst die härteren Zutaten hinein, später die weicheren. Wollen Sie zum Beispiel eine Hackfleischsoße mit Gemüse machen, braten Sie zuerst das Hackfleisch an, geben Sie dann die Zwiebeln, anschließend die Möhren und zum Schluss den Rest dazu.

4. Vorlieben nachgehen.

Warum das Risiko eingehen, dass Ihnen Ihr Gericht nicht schmeckt? Folgen Sie zuallererst Ihrem eigenen Geschmack, denn dann haben Sie eine gewisse Vorstellung, wie es schmecken soll. Wenn Sie gerne italienisch essen, beginnen Sie damit. Mögen Sie chinesisch, haben Sie das große Los gezogen, denn Gerichte aus dem Wok sind schnell, unkompliziert und schmackhaft. Wenn Sie Fan klassischer deutscher Küche sind, finden Sie quasi überall die passenden Zutaten – sehr praktisch.

5. Rezepte kombinieren.

Fast schon freies Kochen ist, verschiedene Rezepte miteinander zu kombinieren. Einmal, weil Sie es möchten, oder auch aus der Not heraus, weil Sie gerade nicht alle Zutaten zur Hand haben, die genannt werden. Der Erfolg Ihrer eigenen Version gibt Ihnen die Sicherheit, es beim nächsten Mal ebenfalls wieder (fast) ohne Rezept schaffen zu können.

6. Rezepte aufschreiben.

Schaffen Sie sich ein leeres Heft oder eine Kladde an und schreiben Sie Ihre eigenen Kreationen hinein. Vielleicht notieren Sie auch, was Ihnen besonders gut gefallen hat, was Ihnen nicht gefallen hat und was Sie beim nächsten Mal anders machen wollen. Das ist nicht nur eine gute Gedächtnisstütze, Sie bauen sich damit auch eine Rezeptsammlung auf, auf die Sie immer wieder zurückgreifen können. Und: Fotografieren Sie ruhig Ihre Teller oder, noch besser, die einzelnen Schritte dahin. Nennt man in den sozialen Netzwerken „Foodporn", bleibt aber ja privat.

KÜNSTLICHE WÜRZE?

KAUM VERLOCKEND: Salz, getrocknete Würze und Geschmacksverstärker werden mit (meist gehärtetem) Pflanzenfett gebunden. Je nach Sorte sind dann noch etwas Karamell, Sellerieextrakt, Gemüse und Fisch- oder Fleischextrakte in der Mischung enthalten.

670 mg Fleischextrakt enthalten Fleischbrühewürfel auf einen Liter. Der Hauptbestandteil „Speisewürze" entsteht aus Schlachtabfällen, Maiskleber oder Sojaprotein, in verdünnter Salzsäure gekocht. Echt lecker, oder?

ECHTE BRÜHE!

Brühen zu machen ist zeitaufwendig, aber **SPART GELD**, denn Sie können Küchenabfälle wie Gemüseschalen einbinden.

EXTRA TIPP:
Sommerbrühen schmecken ganz anders als Winterbrühen – ausprobieren!

SCHNELL AUFGESETZT: Eine Brühe selbst zu machen, ist wahrlich keine kulinarische Zauberei. Einfach Gemüsesorten grob zerkleinern und mit ein paar Gewürzen wie Lorbeer, Pfefferkörnern und Salz aufsetzen. Zwei Stunden sieden lassen, abgießen und abschmecken.

25 Tage ist die selbst gemachte Brühe haltbar. Es lohnt sich also, gleich deutlich mehr herzustellen, als man für ein Rezept braucht. Portionsgerecht in Schraubgläsern abgefüllt, wird die Brühe im Gefrierschrank gelagert. Da weiß man, was man hat: Selbst kochen lautet die Devise.

AROMAWELTEN

Kontinente, Länder und vielfach sogar einzelne Regionen haben ihren ganz eigenen, unverwechselbaren Geschmack. Und man selbst hat meist ein sehr klares Bild im Kopf, was diesen Geschmack ausmacht. Man sieht Gerichte vor seinem inneren Auge, die für ein Land stehen: Hamburger für die USA, Penne all'arrabbiata für Italien, Krustenschweinebraten mit Knödeln für Deutschland oder auch Borschtsch, die Suppe aus Roter Bete, für Russland.

Ganz entscheidend werden diese Gerichte durch die Würzungen geprägt – das können Gewürze oder Kräuter sein. Erst dadurch wird einem vielleicht auf der ganzen Welt verbreitetem Grundrezept sein eigenes Gesicht verliehen, welches es aus der Masse heraushebt.

Frankreich

Die Feine. Die französische Küche ist die Mutter aller Feinschmeckerküchen und damit weltbekannt. Berühmte Köche, großartige Gerichte! Schaut man genauer hin, stellt man fest, dass es viele Kräuter sind, mit denen gearbeitet wird. Berühmt sind die „Kräuter der Provence"-Mischungen, die das mediterrane Lebensgefühl so wunderbar in den Topf bringen. Aber auch Knoblauch, Senf aus Dijon oder Kräuter wie Estragon finden in Frankreich sehr häufig Verwendung.

Interessant: Durch den ausgeprägten Nationalstolz der Franzosen ist die französische Küche sehr in sich geschlossen. Einfluss auf die Gerichte hat dort nur Nordafrika.

Orient

Der Duft. Den Orient meint man fast schon zu riechen. In den Basaren türmen sich in den Säcken Gewürze wie gemahlener Kreuzkümmel (Cumin), Koriander, Zimt und Kardamom, an den Marktständen liegen riesige Büschel frische Minze, grüner Koriander und Blattpetersilie aus. Diese Zutaten werden in Variationen fast immer verwendet. Und durch ihre ätherischen Öle sind sie wahre Aromakracher.

Erdkunde: Mit Orient bezeichnet man den Gürtel von Marokko über Nordafrika, die arabische Halbinsel, Israel, Jordanien und Syrien bis Irak und Iran. Auch der Libanon und sogar die Türkei zählen noch dazu.

Indien

Die Vielfalt. Die Bandbreite an Gewürzen in Indien ist legendär. Sie werden nicht nur einzeln verwendet, sondern auch zu Gewürzmischungen wie Garam Masala verarbeitet, was dem nordafrikanischen Ras el Hanout ähnelt. Wichtige Player sind Bockshornkleesaat, Cumin, Koriander und Zimt, aber auch Würzpasten und Chutneys spielen eine sehr große Rolle. Die vielen Ethnien und Religionen des Landes spiegeln sich auch im Variantenreichtum der indischen Küche wider.

Gewusst? Curry ist kein einzelnes Gewürz, sondern immer eine Mischung. Seine kräftige Farbe erhält es dabei durch Anteile an Paprika (rot) oder Kurkuma (gelb).

Italien

Bella vita. Mittelmeer, Urlaubsgefühle und das lässige Leben – das ist Italien! Auch wenn der Alltag natürlich anders aussehen mag. Die Aromawelt des Landes hat immer etwas Emotionales und Einladendes. Wer kann schon widerstehen, wenn es nach frischer Tomatensoße mit Basilikum und Oregano duftet und dann noch ein durchaus größerer Hauch Knoblauch und ein paar Kapern dazukommen? Oder wenn sich zum Mozzarella der tiefdunkle Balsamico gesellt? Genuss in Vollendung.

Innovation: Ein ungeschriebenes Gesetz besagt, dass jedes Jahr eine neue Pastaform erfunden werden muss. Und die passende Soße gleich mit.

Thailand

Scharfe Sache. Was einem beim Stichwort Thai-Küche sofort in den Sinn kommt, ist die Schärfe. Ohne Chilis geht dort gar nichts. Verwendet werden hauptsächlich die kleinen Vogelaugenchilis. Perfekt in Verbindung mit Kaffirlimettenblättern, Austern- oder Fischsoße, Limetten und Thai-Basilikum, das übrigens ganz anders riecht und schmeckt als sein europäischer Verwandter. Auch Kokosmilch ist in vielen traditionellen Rezepten dabei, um die intensiven Geschmäcker abzurunden.

Irrglaube: Die Schärfe in den Chilis kommt vom Wirkstoff Capsaicin. In den Kernen steckt übrigens kaum etwas davon, daher sind sie nicht scharf.

RUND UM DIE WELT

VÖLLIGE GEGENSÄTZE TUN SICH AUF. Hier gibt's internationale Hühnergerichte, die zeigen, welche Bandbreite man mit dem gleichen Produkt bespielen kann.

Das gibt's dazu

Solch ein Curry isst man mit Thai-Duftreis oder Basmatireis, der mit Aromen wie Ingwer oder Zitronengras gedämpft wird.

Gemüse gefällig?

Dazu passt eine Ratatouille mit Auberginen, Zucchini und Tomaten ganz toll.

PROVENZALISCHES HUHN

Für 4 Portionen:
4 Hühnerkeulen
Salz, Pfeffer
3 EL Öl
2 Zwiebeln
1 frische Knoblauchknolle
200 ml trockener Weißwein
3–4 Zweige Thymian

Pro Portion: 429 kcal, 27 g F, 8 g KH, 1 g B, 33 g E

1 Den Backofen auf 210 °C vorheizen. Die Keulen mit einem spitzen Messer mehrfach einstechen, salzen, pfeffern und in einer Pfanne in Öl von allen Seiten gut anbraten. Herausnehmen, in eine feuerfeste Form legen.

2 Zwiebeln und Knoblauch schälen und fein würfeln. Im verbliebenen Öl erst die Zwiebeln, dann den Knoblauch anbraten. Mit Weißwein ablöschen. Thymian zugeben und 5 Min. köcheln lassen.

3 Nun den Sud über die Keulen geben und im heißen Ofen ca. 40 Min. backen.

INDISCHES HÜHNERCURRY

Für 4 Portionen:
2 EL Öl
3 Lorbeerblätter
1 EL grüner Kardamom
1 Zimtstange
10–12 Pfefferkörner
6 Nelken
300 g Zwiebeln, gehackt
30 g Ingwer
4 Knoblauchzehen
2–3 grüne oder rote Chilis, gehackt
1 zerlegtes Huhn
Salz
1 TL Kurkuma
2 TL Koriandersamen
1 TL rotes Chilipulver
1 TL Garam Masala
250 g pürierte Tomaten
2 EL Joghurt
2 EL Korianderblätter, gehackt

Pro Portion: 479 kcal, 27 g F, 8 g KH, 2 g B, 47 g E

1 Das Öl in einem schweren Topf erhitzen und Lorbeer, Kardamom und Zimt zugeben. Wenn die Lorbeerblätter zu braten beginnen, Pfeffer und Nelken und nach 1 Min. die Zwiebeln zufügen. Bei geringer Hitze ca. 15 Min. anschwitzen.

2 Ingwer und Knoblauch schälen und fein würfeln und zusammen mit den Chilis (je nach gewünschtem Schärfegrad) und den Hühnerteilen in den Topf geben. Salzen und bei geringer Hitze und geschlossenem Deckel 15 Min. schmoren lassen, dabei aber ab und an rühren, damit nichts anbäckt.

3 Nun kommen Kurkuma, Koriandersamen, Chilipulver und Garam Masala dazu. Weitere 5 Min. anbraten. Wird das Curry zu trocken, 1–2 EL Wasser zugeben. Tomatenpüree unterrühren und alles 15 Min. vor sich hin köcheln lassen.

4 Den Joghurt cremig rühren und in den Topf geben, kurz ruhen lassen, damit sich die Aromen verbinden. Wenn das Huhn gar ist, mit Koriander garniert servieren.

Übrigens: In Deutschland kocht man aus einem Huhn gerne ein Frikassee, also ein Ragout mit heller, sahniger Soße.
Aus Thailand kommt die berühmte Tom Kha Gai, eine mit Zitronengras, Galgant, Fischsoße, Limettenblättern, Chilis und Kokosmilch gewürzte Suppe mit Huhn.

Macht an!

Jede Jahreszeit hat ihre Highlights. Der Anblick von frischem Obst oder Gemüse kann unglaublich inspirierend sein – nutzen Sie das für Ihre Kochideen aus.

WANN HAT WAS SAISON?

Kurze Wege vom Hersteller zum Konsumenten, günstigere Preise, allerlei Möglichkeiten und bester Geschmack: Die Liste der Vorteile, im Rhythmus der Jahreszeiten einzukaufen und zu kochen, ist lang. Gemüse und Obst sind bestimmten Jahreszeiten unterworfen, zumindest wenn sie regionaler Herkunft sind. Doch das ist beileibe noch nicht alles … Unser Überblick, was wann schmeckt:

Januar und Februar ist die kalte Zeit, von der man vielleicht glaubt, da würde gar nichts frisch (im Sinne von soeben geerntet) sein. Doch weit gefehlt: Dies sind die besten Monate für Schwarzwurzeln, Rosenkohl, Steckrüben, Grünkohl und (Blut-) Orangen. Auch Wild und Wildgeflügel schmecken nun besonders gut.

März und April ist die Phase des Erwachens. Frühspinat, erste Kräuter und essbare Blüten wagen sich an die Oberfläche. Aber auch Stubenküken, Zicklein und Milchlamm sind jetzt angesagt. Wer lieber trinkt, greift zum Starkbier.

Mai und Juni markiert die Hochzeit der Aromatik. Jetzt sprießt alles: Kräuter, Blüten, Salate, Spargel bis zum Abwinken, auch Erdbeeren. An tierischen Produkten sind der Maibock, das Reh und der Matjeshering lecker.

Juli und August liefert die absolute Fülle an Saft und Kraft. Pfirsiche, Aprikosen, sämtliche Beerenfrüchte, ein Meer an Gemüsen und Kräutern. Jetzt macht man schwarze Nüsse und sorgt durch Einmachen dafür, dass man im Winter diesen Zauber konserviert genießen kann. Und wer jetzt keine Pfifferlinge kocht, versäumt echt was.

September und Oktober ist die traditionelle Erntezeit auf den Feldern. Was jetzt noch an den Büschen und Bäumen hängt, bekommt die volle Konzentration an Nährstoffen und Flüssigkeit bis zur endgültigen Reife. Die Trauben für Wein werden gelesen, Äpfel und Birnen sind reif zum Ernten, die Feigen sind nun besonders süß. Kürbisse und Quitten laden zum Einmachen ein.

November und Dezember zieht man sich gerne in die warme Stube zurück. Es sind die typischen „Gewürzmonate“, es darf alles etwas kräftiger sein. Jetzt schmecken heiße Maronen, deftiger Kohl, aber auch Feldsalat. Auf den Speisekarten stehen Gänse und natürlich auch Wildgerichte. Gewürzt wird mit Kardamom, Zimt, Anis und Nelken. Und selbst beim Käse – es wird nie mehr Raclettekäse verkauft als im Winter.

GEMÜSE KAUFEN UND LAGERN

Der normale Alltag sieht so aus, dass man Gemüse kauft, weil man es für ein Essen heute, morgen oder in den nächsten Tagen verwerten möchte. Es kann aber auch vorkommen, dass man sich spontan für etwas entscheidet, weil es einen im Laden anlacht. Weil es so unglaublich gut aussieht und man es immer schon mal ausprobieren wollte, auch wenn man noch keinen Schimmer hat, was genau man damit macht. In so einem Fall muss es zunächst einmal frisch gehalten werden. Frische Lebensmittel sind mitunter auch empfindlich und wollen eine besondere Behandlung, um nicht zu schnell welk und lasch zu werden. Nebenstehend gibt's daher einige Empfehlungen.

Artischocken

Prall und fest müssen sich die Knospen anfühlen, dann sind sie frisch. Artischocken sind in den Mittelmeerländern, wo sie auch angebaut werden, äußerst beliebt. Es gibt sie von länglicher und eher schmaler bis hin zu dicker und ausladender Form – was kein Indikator für den Geschmack ist, sondern auf Sorte und Anbau zurückzuführen ist. Beim Kauf sollten Sie den Stiel kontrollieren – er sollte lang sein und nicht trocken wirken. Im Kühlschrank halten sich Artischocken ca. 3 Tage. Am besten wickeln Sie sie in ein feuchtes Tuch.

Tipp: Waschen Sie Artischocken vor der Lagerung nicht, sonst verkürzt sich die Haltbarkeit.

Möhren

Stramme Möhren sind gut, weiche Exemplare mag keiner. Im Laden bekommt man sie als lose Ware, im Bund oder in Plastik verpackt. Drehen Sie beim Bund nicht gleich das Grün ab und lassen es liegen – machen Sie lieber zu Hause ein Pesto daraus! Packen Sie verpackte Möhren daheim sofort aus, denn unter der Hülle beginnen sie zu schwitzen und reifen oder gar faulen ratzfatz weg. Gelagert werden sie am besten im Gemüsefach des Kühlschranks, dort ist die Temperatur ideal.

Clou: Schon etwas länger gelagerte Möhren stellen Sie in ein Behältnis mit kaltem Wasser – und schon zeigen sie sich wieder kraftvoll.

Zwiebeln

Dunkel und kühl gelagert fühlen sich Zwiebeln am wohlsten. Ansonsten treiben sie schnell aus. Die Triebe sind zwar an sich nicht schädlich oder gesundheitsgefährdend, doch steckt die Pflanze dann ihre gesamte Energie in den Trieb und die eigentliche Zwiebel fällt in sich zusammen. Dass der Lagerplatz zusätzlich trocken ist, ist wichtig, denn ab einer Luftfeuchtigkeit von 70 Prozent fangen Zwiebeln schnell an zu schimmeln. Beim Kauf sollten Sie immer die Konsistenz testen: Zwiebeln müssen richtig fest sein.

Halbe Sachen: Wenn Sie keine ganze Zwiebel brauchen, hält sich der Rest in Folie gepackt und gekühlt 2 bis 3 Tage.

Grüne Bohnen

Breit und dünn können grüne Bohnen sein. Die breiten sind unter der Bezeichnung Stangenbohnen bekannt, die dünnen heißen Buschoder auch Prinzessbohnen. Achten Sie stets darauf, dass die Früchte fleckenfrei sind und keine braunen Stellen aufweisen. Bohnen sind erstaunlicherweise recht empfindlich und halten nicht sehr lange. Sie vertragen weder Druck noch Feuchtigkeit. Nach 3 bis 4 Tagen müssen Sie sie spätestens verwerten. Zu Hause füllen Sie die Bohnen entweder in eine Frischhaltebox oder in eine Plastiktüte.

Option: Bohnen können Sie prima blanchieren und dann 6 bis 8 Monate im Gefrierfach aufbewahren.

Kohlrabi

Ein Revival genießt der Kohlrabi seit einigen Jahren, nachdem er in den 90er-Jahren als uncool aussortiert worden war. Einer seiner Vorteile ist, dass man ihn, im Gegensatz zu den Bohnen beispielsweise, auch roh essen kann, besonders wenn er noch jung ist. Im Kühlschrank hält sich Kohlrabi mindestens 1 Woche. In jedem Fall sollten Sie Blätter und Stiele entfernen, weil diese die Verdunstungsfläche vergrößern und ein rascheres Austrocknen bewirken. Vor dem Verzehr schälen und den etwas holzigen Strunkansatz entfernen.

Optional: Essigsauer eingemacht und in Gläser gefüllt ergibt sich mit dem Kohlrabi ein prima Wintervorrat!

IMMER KÜHL?

KALT HEISST NICHT IMMER GUT. Man glaubt ja häufig, dass etwas kalt aufbewahrt werden muss, damit es frisch ist. Das gilt kurzfristig für manche Lebensmittel, ist jedoch keine Faustregel für alles. Und schon gar nicht über einen längeren Zeitraum. Mit der Temperatur verändern viele Lebensmittel ihre Konsistenz. Es macht einen deutlichen Unterschied, ob man etwas mit Käse Überbackenes sofort isst oder kalt aus dem Kühlschrank – dann ist der Käse hart und geschmacklos. So ergibt sich eine Genuss-Serviertemperatur oft von selbst.

BESSER AROMATISCH!

DIE ANGST, ETWAS KÖNNTE VERDERBEN oder krank machen, ist ein schlechter Begleiter. Manche Lebensmittel profitieren sogar davon, wenn sie bei Raumtemperatur reifen dürfen. Eier etwa, sie halten sich an einem halbwegs kühlen Platz in der Küche ca. 1 Monat, schmecken dann besser und lassen sich besser verarbeiten. Ähnliches gilt für Tomaten und Paprika, Zucchini oder Auberginen – das sind mediterrane Früchte, die sich im Kühlschrank nicht wohlfühlen und ihr volles Aroma erst bei etwas höheren Temperaturen entfalten.

Einen Keller zu haben
Ist heute leider nicht mehr selbstverständlich. Alternativ lagern Sie Lebensmittel im kühlsten und dunkelsten Raum der Wohnung oder des Hauses.

BEI WELCHER TEMPERATUR LAGERN?

Es gibt Menschen, die kaufen immer nur für den aktuellen Bedarf ein. Jeden Tag, immer nur die benötigten Kleinigkeiten. Und dann gibt es wieder andere, die einmal in der Woche oder sogar noch seltener einen kompletten Großeinkauf machen. Das wirft dann die Frage auf, wo und wie die Produkte richtig gelagert werden.

Über den Kühlschrank haben wir bereits gesprochen (siehe Seite 33), und auch den Gefrierschrank lassen wir hier außen vor. Jetzt geht es um die Frage, was für Lebensmittel die richtigen Plätze für die nächsten Wochen sind. Für frische Lebensmittel wohlgemerkt. **Kartoffeln** mögen es kühl und dunkel, für sie ist ein fensterloser Raum ideal. Man kann sie aber auch ungewaschen in Zeitungspapier einwickeln und einige Zeit bei Raumtemperatur lagern; wichtig ist nur, dass sie kein Licht abbekommen und grün werden oder austreiben. **Paprika, Gurke, Zucchini und Aubergine** sind als Mittelmeergemüse Wärme gewohnt und halten es locker ein paar Tage bei Raumtemperatur aus. Sie sollten nur bei längerer Lagerung ins Gemüsefach des Kühlschranks. **Exotische Früchte** wie Bananen, Kiwi und Mango sowie **Tomaten** und **Zitrusfrüchte** bleiben ebenfalls ungekühlt, sonst verlieren sie ganz schnell ihr Aroma. Bananen sollten dabei nicht zusammen mit Äpfeln gelagert werden, denn Letztere verströmen das Reifegas Ethylen und beschleunigen die Alterung der gelben Früchte. Orangen und Zitronen sollten nicht zu dicht nebeneinander lagern, da muss Luft ran. Auch **Avocados** bleiben draußen, sie reifen dann nach. In den Keller (falls vorhanden) kommen, wenn's etwas länger liegen soll, **Kirschen, Salat, Zwetschgen**, auch frische **Bohnen**, **Zwiebeln** und **Kürbis**. Hat man keinen Keller, hilft ein kühler Raum, am besten ohne Fenster. Und dann wären da noch:

1 **Brot:** bei Raumtemperatur in einem luftdurchlässigen Behälter aufbewahren. Ton ist ideal.

2 **Halbe Zitrone:** muss nicht in den Kühlschrank, sondern auf einen kleinen Teller legen, Schnittfläche nach oben. Die trocknet aus und hält so den Saft.

3 **Hochprozentiges:** hält seinen Geschmack ewig, selbst bei geöffneten Flaschen dauert es viele Jahre, bis das Aroma sich langsam verflüchtigt. Die Flaschen sollten nur nicht direkter Sonneneinstrahlung ausgesetzt sein.

IN DEN MÜLL?

ES IST EINE SCHANDE. Laut Statistik werden in Deutschland jährlich ca. 18 Millionen Tonnen Lebensmittel weggeworfen. Das sind 313 Kilogramm pro Sekunde. Von denen wären die meisten noch verzehrbar. Den größten Batzen stellen Obst und Gemüse, hier wiederum liegen Äpfel und Tomaten ganz weit vorne. Ursache ist oft unbedachtes Einkaufen: Die Augen sind größer als später der Hunger. Und es herrscht große Unkenntnis darüber, wie sich Mindesthaltbarkeits- und Verbrauchsdatum voneinander unterscheiden. Dabei ist es so einfach.

UNTER DIE NASE!

Der Joghurt ist laut MHD seit 3 Wochen abgelaufen? Na und? Erst mal dran **RIECHEN**, dann merkt man schon, ob er noch gut ist.

Kaufen Sie kleinere Einheiten oder loses Gemüse statt große Packungen im Sonderangebot. Auch dadurch **SPAREN** Sie.

DAS IST DOCH NOCH GUT! Seien Sie kein reiner Augenmensch und auch nicht „obrigkeitshörig“. Klar sieht eine etwas braun angelaufene Banane optisch nicht mehr so schön aus, aber sie schmeckt aromatischer. Wenn Sie auf Honig, Currypaste oder Essig ein Haltbarkeitsdatum sehen, vertrauen Sie nicht dem, was geschrieben steht, sondern Ihren eigenen Sinnen. Was okay riecht, schmeckt auch okay – und kann meist bedenkenlos verzehrt werden. Vorsicht gilt bei frischem Fleisch, insbesondere Hackfleisch, Fisch und Rohmilchkäse.

Erst denken, dann machen. Was im Leben gilt, ist auch in der Küche nicht verkehrt. Überlegtes Vorgehen bringt Lässigkeit und Ruhe in den Kochprozess und mit der Zeit werden Ihnen die Handgriffe in Fleisch und Blut übergehen – wie bei einem echten Profi!

VORBEREITUNG, TECHNIKEN UND PROFI-TIPPS

SCHÖN ZUSAMMEN?

ES SIEHT NICHT GUT AUS und es ist auch nicht wirklich prickelnd, wenn die einzelnen Zutaten schon beim Schneiden ineinander übergehen. Wenn einem dann auch noch die Laune nach Erdbeeren steht und man aber nur dieses eine Brett zur Verfügung hat, auf dem kurz zuvor Zwiebeln und Knoblauch geschnitten wurden, taugt die schönste Nachtischidee nichts mehr. Und hygienetechnisch wird es dann zum Unding, wenn Fleisch, Geflügel oder Fisch mit allem anderen auf eben diesem einen Brett bearbeitet werden. Bakterielles Harakiri.

SAUBER GETRENNT!

DAS BRETT ALS SPIEGEL DES LEBENS. Wer hier Ordnung hält, macht dies wohl auch sonst im Leben. Die Grundregeln: Nichts liegt im Weg, auf dem Brett wird immer nur eine Zutat behandelt, neutralere Zutaten werden vor den aromatischen geschnitten. Kein Gewimmel!

Wie viele Schneidebretter braucht man eigentlich? Mit zwei kommt man gut durch: eines für tierische Produkte, eines für Gemüse. Ganz sicher gehen Sie, wenn Sie noch ein drittes Brettchen eigens für Zwiebeln und Knoblauch verwenden.

MISE EN PLACE

WIE DIE PROFIS DAS MACHEN. Im Restaurant muss es oft zack, zack gehen. Was dann an Automatismen abläuft, können Sie auch daheim.

Gemüse
in Würfel, Stücke oder Streifen schneiden und einzeln abgedeckt in Schüsseln zwischenlagern.

Zwiebeln
sollten luftdicht verschlossen sein, sonst riecht die ganze Küche danach.

Fleisch
kann schon früh vor sich hin marinieren, dann zieht es auch gut durch. Dunkles Fleisch muss dabei nicht einmal in den Kühlschrank.

Küchentücher
aus Papier und Stoff sind ebenso entscheidend wie die benötigten Werkzeuge, also Messer, Kochlöffel oder Schneebesen.

„AN DEN RICHTIGEN PLATZ gestellt", lautet die Übersetzung dieses französischen Begriffs. Gemeint ist damit, dass man als Koch all seine Zutaten vorbereitet, bevor man tatsächlich mit dem Kochen beginnt. Das gilt sowohl für die später benötigten Lebensmittel als auch für Gewürze oder Küchenwerkzeuge wie Messer, Kochlöffel oder Schneebesen. Das Anordnen folgt dabei einem logischen System. Was man oft braucht, ist in direkter Reichweite platziert, sonst steht ständig irgendetwas anderes im Weg. Die vorbereiteten Zutaten lagern meist separat in Schalen oder Schüsseln aus Keramik, Glas, Edelstahl oder Kunststoff – das Material ist jeweils nicht ganz so wichtig. Das Kochen an sich ist anschließend nur noch das geordnete, stressfreie Verwenden der Zutaten. Und zwar eine nach der anderen. Optional, aber wirklich genial ist eine Schublade mit beschrifteten Gewürzgläschen in unmittelbarer Nähe des Herds (siehe Seite 28/29).

DAS WICHTIGSTE WERKZEUG

In einer fremden Küche genügt meist schon ein Blick auf die Messer, um eine Ahnung zu erhalten, wie es um die Kochkünste der Hausherren steht bzw. um deren Lust zu kochen. Messer sind das wichtigste Utensil in der Küche. Doch braucht man wirklich eine ganze Armada davon?

Das Wesentliche abdecken

Wenn man ehrlich ist, könnte man sich auf nur drei Messer beschränken – ein größeres Kochmesser, ein Office- und ein Brotmesser. Damit würde man spielend durchs Leben kommen. Doch wer möchte das schon? Messer können einem die Arbeit immens erleichtern, weil jedes davon, wie bei anderen Werkzeugen auch, etwas ganz Bestimmtes besser kann als ein anderes.

Natürlich richtet sich die Auswahl der Messer zuallererst danach, was Sie in Ihrer Küche anstellen. Wenn Sie nie eine Keule vom Knochen lösen, brauchen Sie kein Ausbeinmesser. Sind Sie Vegetarier, können Sie auf ein Hackbeil mit Sicherheit verzichten. Das würde dann vermutlich auch für ein Lachsmesser gelten.

Nehmen Sie vor dem Kauf eines Messers das Werkzeug in die Hand und testen Sie, wie es sich für Sie anfühlt. Ist es zu leicht? Zu schwer? Kippt es nach vorne oder hinten, also sind die Klinge oder der Griff zu schwer? Ein gutes (großes) Messer ist ausbalanciert und lässt sich ohne Mühe führen.

Schauen Sie sich das Material an, das gibt Aufschluss über die Qualität. Macht es einen hochwertigen Eindruck? Die meisten Messer sind heutzutage aus Edelstahl, was sie unempfindlich und pflegeleicht macht. Messer aus normalem Stahl können rosten, haben aber den Vorteil, dass sie sich sehr gut schärfen lassen. Und dann gibt es noch Keramikmesser, die ihre Schärfe extrem lange behalten, aber an ihre Grenzen stoßen, wenn die zu schneidenden Materialien zu hart sind, beispielsweise Knochen.

Interessanterweise greifen erfahrene Köche eher zu großen Messern, Anfänger hingegen fühlen sich mit kürzeren Klingen wohler. Generell sind große Messer sinnvoll, denn die Führung eines größeren Messers, speziell des japanischen Santokumessers (der Name bedeutet übrigens „Messer der drei Tugenden"), erlaubt nicht nur ein rascheres Arbeiten, sondern auch wesentlich mehr Kontrolle über das Tun.

Und: Der Preis eines Messers sagt nichts darüber aus, wie gut es ist. Ein gutes Messer ist ein scharfes Messer. Punkt.

HITLISTE

WELCHES MESSER WOFÜR verwendet wird, gibt manchmal schon die Form vor. Auch Größe und Festigkeit sind Kriterien.

Europäisches Kochmesser
Universell einsetzbar und unverzichtbar fürs Grobe.

Brotmesser
Mit Wellenschliff zum perfekten Zersägen von Brot & Co.

Officemesser
Zum Schälen, Schneiden und Zerkleinern von Gemüse.

Santoku
Ein ideales Allroundmesser für Fleisch, Fisch und Gemüse.

Ausbeinmesser
Ideal zum Ablösen des Fleischs vom Knochen.

Filetiermesser
Zum Filetieren von Fisch/Fleisch und Ablösen von Haut.

Tourniermesser
So etwas wie ein „verlängerter Fingernagel" für feine Arbeiten.

Hackbeil
Schwer und stark, schneidet auch Knochen.

Lachsmesser
Biegsam mit Kullen, sodass es nicht an der Haut haften bleibt.

GUTE PFLEGE IST ALLES

Es gibt Dinge im Umgang mit Messern, die man eben so macht, weil man sie schon immer so gemacht hat. Doch der Erhalt der Güte eines Messers hängt im Wesentlichen davon ab, wie man es behandelt. Das betrifft in erster Linie das Schärfen, Reinigen und Aufbewahren.

1. Das Schärfen

Der Großteil der Messer in einem durchschnittlichen Haushalt ist nicht scharf, sondern stumpf. In früheren Zeiten war es üblich, die Messer in bestimmten zeitlichen Abständen zum Messerschleifer zu geben, der von Haus zu Haus zog, um seine Dienste anzubieten. Heute schleifen sogar Haushaltswarengeschäfte die Messer nicht mehr selbst im Laden, wie das einst selbstverständlich war, sondern verschicken sie an externe Anbieter.

Also muss man zu Hause selbst ran. Messerschärfen ist zwar kein Hexenwerk, will aber geübt sein. Die am meisten verbreitete Methode ist die mit einem Wetzstahl. Er ist stabförmig und im Querschnitt rund, oval oder flach. Die meisten dieser Stäbe sind „spanend", das heißt sie tragen; wenn man das Messer darüber zieht, Material ab, sodass die Klinge mit den Jahren immer schmaler wird. Das gängigste Material für die Stäbe ist Stahl, es gibt aber auch welche aus Keramik oder Stein. Stahlstäbe sind oft mit einer Saphir- oder Diamantbeschichtung versehen.

Noch nicht in der Breite durchgesetzt haben sich Nassschleifsteine, obwohl sie hervorragende Ergebnisse erzielen. Sie sind in unterschiedlichen Körnungen erhältlich, die Spanne reicht üblicherweise von 240er- zu 3000er-Körnung. Vor Gebrauch legt man sie in warmes Wasser, damit alle Poren vollgesogen werden. In einem Winkel von 12 bis 15 Grad zieht man die Messer dann über den Stein – Anleitungen finden sich zuhauf im Internet.

Die einfachste Möglichkeit sind Messerschärfer mit Führungsschienen, durch die man das Messer nur ein paarmal durchziehen muss. Als Material ist Keramik dominierend.

Übrigens: Mit stumpfen Messern verletzt man sich eher schlimmer als mit scharfen Messern. Grund ist, dass man bei stumpfen Messern automatisch mehr Druck auf das Schneidgut ausüben muss, um es durchzuschneiden. Da rutscht man gerne einmal ab ... Der ultimative Schärfetest funktioniert mit einer Tomate. Auf diese legt man die Schneide des Messers, fasst den Messergriff jedoch nur ganz hinten mit zwei

Fingern an. Die Klinge sollte beim Ziehen von selbst sanft in die Tomate einsinken.

2. Die Reinigung

Ein Kochmesser hat nichts, aber auch gar nichts in der Spülmaschine zu suchen. Die Wirkstoffe in den Tabs sind unglaublich aggressiv, um das Geschirr sauber zu bekommen. Diese Säuren, Salze und Laugen greifen jedoch das Metall der Messer an und lassen sie unweigerlich stumpf werden. Sie beginnen zu rosten, was man an ersten kleinen braunen Flecken sehen kann, die beständig größer werden. Unter dem Mikroskop betrachtet sehen sie später aus wie ein Schweizer Käse.

Nach Gebrauch spült man ein Messer mit lauwarmem Wasser und vielleicht einem Tropfen Spülmittel ab, reibt es mit einem Küchentuch trocken und bringt es an seinen vorgesehenen Platz.

Messer sollte man stets einzeln in die Hand nehmen und nicht mit anderen Messern oder metallischen Gegenständen in der Spüle oder auf der Ablage liegen lassen. Schnell sind dann die Klingen beschädigt.

3. Die Aufbewahrung

Vielfach werden Kochmesser achtlos in die Besteckschublade geworfen. Ein Messerfan wendet sich mit Grausen ab: Genau wie beim Abspülen sollten Messer einzeln liegen. Wenn es die Messerschublade mit Einlage gibt, in der die Messer getrennt voneinander liegen – perfekt! Dann sind sie in der Küche aus dem Weg, aber sicher verstaut und griffbereit verfügbar.

Eine andere Möglichkeit sind Messerblöcke. Das waren lange Zeit nur die gerade oder schräg stehenden Holzblöcke mit unterschiedlich großen Ritzen, in die man die Messer stecken konnte. Heute gibt es auch Varianten mit feinen Stäben oder Lamellen aus Kunststofffasern.

Sie können sich zur Not aber auch selbst helfen: Sie nehmen ein Gefäß, vielleicht eine viereckige Vase, und befüllen es eng mit Schaschlikspießen (Spitzen nach unten). Oder: Sie stellen drei bis vier ausrangierte (Koch-)Bücher nebeneinander auf, zurren sie mit einem Gürtel oder Seil fest und stecken die Messer von oben hinein. Kostet fast nichts und ist ein Hingucker.

Prima sind Magnetleisten, vor allem, wenn man auch optisch tolle Messer hat – aus zweifarbigem Damaszener Stahl mit vielen Lagen –, die man in der Küche offen zeigen möchte. An der Wand sieht das klasse und eindrucksvoll aus. Magnetleisten aus Metall sind günstig, doch wesentlich edler und auch messerschonend sind Exemplare aus Holz. Auch das können Sie selbst machen: Ein geeignetes Stück Holz aussuchen, in die Rückseite an mehreren Stellen mit einem Forstnerbohrer Löcher bohren (nicht ganz durch natürlich), runde Magnetknöpfe einkleben und fertig.

MIT TEMPO UMFÜLLEN?

RASCH VON A NACH B GIESSEN. So kennt man das: Man will schnell etwas Flüssiges von einem Topf in den nächsten oder von einer Schüssel in ein anderes Gefäß gießen – und beim Absetzen läuft die Flüssigkeit außen herunter. Man setzt das Gefäß auf der Arbeitsfläche ab und es hinterlässt eine Spur. Also heißt es wieder: abwischen und putzen. Das mag nur eine kleine Sache sein, doch in der Summe fällt hier in einem langen Küchenleben einiges an Zeit und Aufwand an. Gibt´s da wirklich keine clevere Lösung?

MIT KÖPFCHEN KIPPEN!

ALLES EINE FRAGE DER TECHNIK. Nachdem zum Beispiel eine Soße umgefüllt wurde, dreht man den Topf oder die Schüssel, aus der sie kam, einfach in der gleichen Richtung weiter, sodass der Rest nach innen abläuft. Einmal probiert, ist es so logisch wie einleuchtend – und Sie werden es wohl nie wieder anders machen wollen. Klappt bei Soßen, Suppen, Brühen oder auch Dips. Eine Variante bei sämigen, leicht zähen Flüssigkeiten ist, die Schüssel leicht in sich zu drehen. Dann kann die restliche Flüssigkeit sich am Rand sammeln und läuft nicht über.

GRUNDLAGEN VON SCHNEIDETECHNIKEN

Hier unterscheiden wir klar zwischen der Art und Weise, wie das Messer in der Hand gehalten wird, und dem Schneiden an sich.

Haltetechniken

Wollen Sie etwas Widerstandsfähiges schneiden, zum Beispiel eine Sellerieknolle, so fassen Sie das Messer automatisch an wie einen Hammer, umschließen also den Griff mit der Faust. Das nennt man dementsprechend den Hammergriff. Mit Daumen und Zeigefinger den Klingenrücken dort zu umfassen, wo er in den Griff übergeht, erlaubt rasches und gesteuertes Schneiden – das ist der Zangengriff. Beim Zeigegriff liegt der Zeigefinger auf dem Klingenrücken. Diese Technik bringt nicht viel Krafteinwirkung, aber ein sehr feines Vorgehen und ist praktikabel bei langen, schlanken Messern.

Manchmal haben Sie ja auch kleine Messer in der Hand. Diese umfassen Sie am Griff mit den vier Fingern und schneiden zum Daumen hin – die einzige Technik, bei der die Bewegung zum Körper hin geht. Das Tourniermesser ist hierfür das richtige Werkzeug. Damit schnippeln Sie los.

Schneidetechniken

Zum Hacken bewegen Sie die Klinge senkrecht auf und ab, parallel zum Brett. Dabei können Sie die Spitze der Klinge ruhig auch auf dem Brett lassen. Das gilt auch für den Wiegeschnitt, der oft bei Kräutern eingesetzt wird: Eine Hand bleibt auf der Messerspitze, die andere Hand macht die Arbeit. Eine sehr sichere Variante!

Für den Scheibenschnitt ziehen Sie das Kochmesser durch Ihr Schneidgut. Üblicherweise schneidet man von sich weg. Der Lokomotivschnitt kommt zum Einsatz, wenn Gemüse fein geschnitten werden soll: Das Messer schneidet nach vorne (Spitze bleibt auf dem Brett), wird nach hinten hochgezogen und geht nach vorne wieder runter. Wie bei einer alten Dampflok.

Den Sägeschnitt kennen Sie vom Brotschneiden. Zum Schneiden benötigen Sie immer beide Hände – die eine schneidet, die andere hält. Große Bedeutung hat dabei der Krallengriff: Das Schneidgut wird von der Haltehand so angefasst, dass die Fingerkuppen nach innen zeigen und das zweite Fingerglied der Messerführung dient. So ist es am sichersten.

SCHRITT FÜR SCHRITT ZU PERFEKTEN SELLERIEWÜRFELN

1. Die Sellerieknolle schälen. Verwenden Sie ein großes Messer und schneiden Sie die Schale flach ab. Entfernen Sie sie an der Wurzel großzügiger, da ist oft noch Erde dran.

2. Mittig durchschneiden, damit Sie nun gute Auflageflächen haben. Das erfordert ein wenig Kraft, Sie sollten hier ruhig, vorsichtig und mit Bedacht vorgehen.

3. Scheiben schneiden, und zwar eher dünne als dicke, wenn Sie feine Würfel haben möchten. Schneiden Sie die Scheiben dann in Streifen, dabei zwei bis drei Scheiben übereinanderlegen.

4. Nun würfeln. Dazu legen Sie die Streifen horizontal vor sich hin und schneiden sie mit dem Lokomotivschnitt in kleine Würfelchen. Die sind eine ideale Suppeneinlage.

AUFWENDIG SCHÄLEN?

EIN NEGATIVER AUTOMATISMUS. Sobald man Gemüse wie Möhren oder Kartoffeln vor sich hat, holt man bereits blind den Sparschäler aus der Schublade. Es wird nicht geschaut, ob die Gemüse sauber, verdreckt, runzlig, fleckig oder schon etwas älter sind – nein, man schält munter drauflos. Wenn man aus den Schalen Brühe kocht, ist das okay, aber meist wandern sie in den (Bio-)Müll. Das kostet alles Zeit und Geld und ist in den meisten Fällen unnötig. Reine Beschäftigungstherapie oder übertriebener Drang nach Sauberkeit …

FLOTT WASCHEN!

DA STECKT GUTES DRIN! Nicht nur unter der Schale, sondern auch in ihr sind viele Vitamine enthalten. Viele Gemüse werden heute auf den Höfen bereits vorgewaschen, damit sie sich dem Kunden in den Auslagen der Läden besser präsentieren. Also sind sie ohnehin schon recht sauber. Es reicht, wenn Sie sie zu Hause kurz abwaschen – auch bei jungen Kartoffeln, die Sie als Rosmarinkartoffeln im Ofen backen. Ansonsten sind Kartoffeln kritisch zu betrachten, insbesondere die Schale enthält das giftige Solanin. Hier also besser schälen.

EFFEKTIV SCHÄLEN

ES GIBT GEMÜSESORTEN, bei denen man am Schälen nicht vorbeikommt. Doch man kann es sich ja wenigstens so leicht wie möglich machen.

Ingwer

Schält man lustigerweise mit einem Kaffeelöffel: Schale im flachen Winkel einfach abschaben.

Kürbis

Muss nicht grundsätzlich geschält werden. Doch oft ist die Schale hart und braucht lange, um weich zu werden. Hokkaid ist am unkompliziertesten zu verarbeiten.

Knoblauch

Die Schale geht leicht ab, wenn man zunächst den Strunk dünn abschneidet und dann mit einem breiten Messer auf die Zehe drückt.

GEWOHNHEITEN GIBT ES VIELE. Ältere Menschen nehmen häufig ein kleines Küchenmesser in die Hand, egal, was sie schälen möchten. „Wir haben das damals so gelernt", heißt es, und es ist ja auch nicht grundsätzlich falsch. Bei manchen Gemüsesorten wie Sellerie tut man sich mit einem großen Messer aber wesentlich leichter. Oft ist ein Sparschäler auch die richtige Wahl. Ihn verwendet man für Spargel, Kohlrabi, Kartoffeln und vieles mehr. Ob das nun einer mit quer zum Griff oder längs liegender Klinge ist, ist der persönlichen Vorliebe geschuldet. Für Spargel gibt es noch die Doppelschäler, die die Stangen wie mit einer Zange umschließen. Bei diesem Küchenhelfer muss man aber aufpassen, dass man nicht zu viel wegschält. Zwiebeln schält man übrigens am besten, indem man die Enden abschneidet und dann mit einem kleinen oder auch großen Messer einen leichten Schnitt vom einen zum anderen Ende zieht. Dabei an einer Stelle mit dem Messer einhaken, die Schale aufnehmen und abziehen.

NASS ABWASCHEN?

JAHRELANG FALSCH ERKLÄRT: Selbst in vielen Kochbüchern wurde (und wird!) immer wieder dazu geraten, Geflügel vor der weiteren Verarbeitung unter fließendem Wasser innen und außen abzuspülen, um es zu säubern. Heute weiß man, dass durch das Spritzwasser massenhaft Campylobacter-Keime in der Küche verteilt werden. Sie sind der häufigste Erreger von Darm- und Durchfallerkrankungen. Besonders gefährlich kann das für junge Erwachsene und Kinder sein. Waschen erzielt damit einen völlig gegenteiligen Effekt als gewollt.

TROCKEN ABTUPFEN!

MAN KANN ES BESSER MACHEN, indem man das Geflügelfleisch mit einmal zu verwendendem Papierküchentuch rundum trocken abtupft. Das dient zwar nicht einer Entkeimung – Bakterien werden allein durch das vollständige Durchgaren des Fleischs abgetötet –, sorgt aber dafür, dass das Fleisch in der Pfanne besser brät und sich feuchte Rückstände nicht so sehr mit dem Öl/Fett mischen. Messer, Bretter und andere Dinge, die mit rohem Geflügel in Kontakt gekommen sind, sollten immer sogleich gründlich gereinigt werden.

ECHT CLEVER VORBEREITEN

PRIMA, WENN SACHEN NICHT NUR VORHANDEN SIND – sondern schon so gut präpariert, dass man gleich damit loslegen kann. Mit diesen Tricks werden Sie noch effizienter.

Knoblauch

Knoblauchknollen schneiden Sie horizontal durch, legen sie 20 Sekunden in die Mikrowelle – und die Zehen lösen sich von selbst.

Paprikaschote

Vom Strunk ausgehend einma um die Längsachse schneiden. Hälften trennen, Strunk herausdrehen, Scheidewände und Samen entfernen.

Zitrone und Limette

Vor dem Auspressen mit den Handballen kräftig auf der Arbeitsplatte hin- und herrollen. Die Zellstrukturen platzen innen auf, es löst sich mehr Saft.

Kürbis

Die Kerne zu entfernen kann manchmal ganz schön lästig sein. Ruckzuck geht's, wenn Sie einen Butterroller verwenden. Kratzt alles raus.

ES SIND DIE KLEINEN TRICKS, Kniffe, Hacks und Handgriffe, die das Kochen so viel leichter machen können. Wer noch nie eine Mango geschält und verarbeitet hat und nicht weiß, dass der Kern innen hochkant verläuft, wird sich sicher ärgern ob der Fummelei und viel Verlust an Fruchtfleisch beklagen. Wer noch nie gesehen hat, welchen Unterschied es macht, bei der ausgelösten Avocado für Guacamole den Kern beim Fruchtfleisch zu belassen, wird immer ein unansehnliches Braun statt helles Grün auf dem Teller haben. Noch ein paar Tipps:

- **Zwiebeln** können Sie genau wie Knoblauch mit etwas Essig besprühen oder darin einlegen. Mildert den Geruch.
- **Grobes Salz** hilft, wenn Sie Knoblauch und/oder Chilis im Mörser zerstoßen möchten.
- **Vanillestangen** schneiden Sie mit einem Messer der Länge nach hälftig auf (an einem Ende zusammenlassen). Mit der Rückseite des Messers kratzen Sie das Mark aus. Dann legen Sie die Stangen in Zucker – für Vanillezucker.

KNOBLAUCH UND ZWIEBEL

DIE BEIDEN GEHÖREN ZUSAMMEN WIE PECH UND SCHWEFEL. Was Formen, Alter oder auch Sorten angeht, gibt es aber schon Unterschiede. Auch im Verwendungsbereich.

Knoblauch

Sollte beim Kauf knackig sein. Von Juni bis September ist er frisch zu bekommen und hat ein feineres Aroma als getrockneter. Die chinesische Knoblauchknolle besteht aus einer Zehe – praktisch, aber weniger aromatisch.

Zwiebelwürfelchen

Wenn die Zwiebel ultrafein gewürfelt sein soll, macht man auch einige horizontale Schnitte. Das unterteilt die Lagen noch mehr als ohnehin schon.

Zwiebelringe

Sind unersetzlich, wenn es zum Beispiel Käsespätzle mit Röstzwiebeln gibt. Die Ringe in nicht zu wenig Öl und Butter langsam in der Pfanne schmoren. Sie werden mit der Zeit schön braun und immer süßer – herrlich!

Zwiebeln schneiden

Kann eine tränenreiche Angelegenheit sein. Viele Tipps geistern herum. Am wirksamsten ist es, sie im Freien oder am offenen Fenster zu schneiden, da weht der Wind die Gase gut weg.

Sorten

Machen große Unterschiede. Rote Zwiebeln sind süßer als weiße, Gemüsezwiebeln groß und eher mild, Schalotten haben ein sehr feines Aroma. Und Frühlingszwiebeln können schärfer sein als gedacht!

NATÜRLICH MIT GRÜN?

MAN MEINT ES NUR GUT, wenn man Radieschen, Kohlrabi oder Möhren mit Grün kauft. Mit Strunk und Stiel ist schließlich Trend. Außerdem freut man sich über den grünen Schwanz, der beim Einkaufen hinten aus dem Weidenkorb heraushängt. So wird man nämlich direkt als qualitätsbewusster Koch erkannt. Schön und gut. Die Wahrheit aber ist: Wer auch zu Hause das Grün an den Wurzeln lässt, riskiert müde Möhrchen. Über die Blätter verdunstet nämlich ordentlich Feuchtigkeit, das einst pralle Gemüse wird in Windeseile zum Schlaffi.

EINFACH ABDREHEN!

ABDREHEN HEIẞT NICHT WEGWERFEN. Durch das Abdrehen und den nun sehr kurzen Stielansatz werden die Rüben vor Fäulnis geschützt. Sie sind länger mit der fruchteigenen Feuchtigkeit versehen und dadurch wesentlich länger prall. Wenn Sie Wurzelgemüse aus eigenem Anbau lagern wollen, wird das Grün ebenfalls direkt nach der Ernte abgemacht, das Gemüse aber nicht gewaschen. Das Grün wird übrigens nicht weggeworfen, sondern separat gelagert oder gleich weiterverwertet. Zum Beispiel zu Pesto (statt Basilikum) oder im Salat.

KRÄUTER ALS TEAMPLAYER

KRÄUTER MIT IHREM DUFT PEPPEN FAST JEDES GERICHT AUF. Sie sollten aber darauf achten, dass Sie Zutaten so miteinander kombinieren, dass es passt – und schmeckt.

Fines Herbes

Französische Kräutermischung bei der Kerbel, Schnittlauch, Petersilie und Estragon zusammenkommen. Wer es „lauter“ mag, fügt Salbei, Bohnenkraut, Ysop und Co. hinzu.

Kräuter der Provence

Bestehen bevorzugt aus Thymian, Rosmarin, Oregano und Majoran. Aber auch Estragon, Fenchel, Lorbeer oder Salbei können dazukommen.

GRÜN = FRISCHE. Das ist ganz tief in unseren Köpfen drin. Zum einen stimmt das fürs Gericht an sich, zum anderen für die Optik. Mit ihren ätherischen Ölen bringen Kräuter neben Geschmack und Optik oft einen gesundheitlichen Aspekt mit, weil sie appetitanregend und förderlich für die Verdauung sein und im Darm entzündungshemmend wirken können. Allerdings kann man nicht irgendwas irgendwie kombinieren, nur weil es gerade da ist. Manche Kräuter legen solch eine Dominanz an den Tag, dass sie nur in kleinen Dosierungen zu anderen passen. Die gute Nachricht ist allerdings: Was man beim Einkauf in heimischen Gefilden an „üblichen" Kräutern vorfindet, ist super kombinierbar. Petersilie, Schnittlauch, Basilikum, aber auch Thymian oder Kerbel vertragen sich untereinander bestens. Diese Kräuter können Sie zu Würzsoßen mixen, zu Pesto verarbeiten oder als Strauß zusammenbinden und in Soßen einlegen (aber vorm Servieren herausfischen).

STUMPF HACKEN?

Aus der Tatsache heraus, dass die meisten Küchenmesser eher stumpf sind als scharf, werden die Kräuter beim Hacken **ZERDRÜCKT**.

BESSER NICHT!

Stumpfe Messer erhöhen die Verletzungsgefahr! Tipps zum Schärfen finden Sie auf Seite 86.

IN SEHR VIELEN REZEPTEN STEHT, dass Kräuter gehackt werden sollen. Das ist nicht gänzlich falsch, aber die Autoren gehen dabei von scharfen Messern aus – nicht immer gegeben bei angehenden Kochprofis. Auch wenden Amateure auf dem Brett oft nicht die Kraft an, die nötig ist, um die Kräuter richtig durchzuhacken. Die beherzte Drückerei und Quetscherei führt dazu, dass die Kräuter nicht ganz durchgeschnitten sind oder die ätherischen Öle sich rasch verflüchtigen. Dabei können auch unangenehme Bitterstoffe entstehen.

SCHARF SCHNEIDEN!

OB MESSER ODER (KRÄUTER-)SCHERE: Sie müssen jeweils scharf sein. Scharfe und gerade geschnittene Kanten sind gut, wenn frische Kräuter dazugestreut und kurz mit erhitzt werden – so wie im Fall von Rosmarin oder Thymian. Basilikum schneidet man direkt vor dem Drüberstreuen auf das fertige Gericht, damit sich der Geschmack entfalten kann und die kräftige grüne Farbe erhalten bleibt. Es gibt auch Kräuterwiegemesser mit Doppelklinge, doch bei denen ist die Verletzungsgefahr beim Reinigen hoch und sie nehmen viel Platz weg.

SOLISTEN & WILDKRÄUTER

Es gibt ein Kräuterleben jenseits von Basilikum und Kräutern der Provence aus dem Streuer für die Tomatensoße. Allerdings sind das dann manchmal solche, die sehr eigenwillig sein können. Und die imstande sind, ein Gericht zu dominieren, sodass es am Ende völlig einseitig überwürzt schmeckt. Hier gilt die alte Medizinerweisheit „Die Dosis macht das Gift.". Der Grat zwischen einem wunderbar passenden Akzent als i-Tüpfelchen und dem Hauch zu viel ist schmal.

Dosiertes Vorgehen beim Würzen

Es ist folglich ratsam, bei solchen Individualisten schrittweise vorzugehen und öfter mal abzuschmecken. Die ätherischen Öle und anderen Inhaltsstoffe sind sonst einfach zu viel für das Gericht – oder sogar für unseren Körper.

Waldmeister zum Beispiel enthält Kumarin, einen Pflanzenstoff, der Kopfschmerzen und Übelkeit verursachen kann, wenn er nicht sparsam genug verwendet wird. Fenchelkraut mit seinem Lakritzaroma ist auch nicht jedermanns Sache. Übrigens sind es nicht immer die Blätter allein, die den Geschmack bringen. In den Stängeln steckt, beispielsweise bei Petersilie und Koriander, richtig viel Aroma.

Die weite Welt der Wildkräuter

Von vielen unentdeckt oder unbeachtet bieten sich Wildkräuter ganz hervorragend als Ergänzung zum „normalen" Sortiment an. Wenn man ein klein wenig kundig ist, macht es keine Mühe, bei einem Spaziergang über Felder oder Wiesen fündig zu werden. Aber keine Sorge: In der Regel muss man diese Kräuter nicht selbst sammeln, denn zahlreiche Gemüsehändler oder Marktstände übernehmen das für Sie und haben die Kräuter im Angebot. Im Internet gibt es Versandmöglichkeiten.

Vogelmiere ist eine Umbruchpflanze, zeigt sich also überall dort, wo umgegraben wird, sei es am Acker oder im heimischen Garten. Sie ist super zu einem Pesto zu verarbeiten. Mädesüß ist enorm variabel für Salate, Eintöpfe, Tees, aber auch in Sorbets und Parfaits einsetzbar. Die Dolden kann man in Bierteig ausbacken. Melde wird von Gärtnern und Bauern gehasst, weil sie wuchert, doch den Feind kann man essen als eine Art Spinatersatz. Und Melde verträgt sich gut mit Sauerampfer, der ebenfalls draußen gut erkennbar ist. Und letztlich sollte noch der Wermut erwähnt sein, den man auch Bitteren Beifuß nennt. Blätter und Blüten, zart dosiert, sind echte Hinschmecker.

HITLISTE

CHARAKTERKÖPFE UND EIGENBRÖTLER sind vielleicht nicht überall mehrheitsfähig, aber ohne sie wären unsere Küchen viel ärmer.

Beifuß

Regt die Fettverdauung an, ist aber etwas bitter im Geschmack. Super für Ente und Gans.

Bohnenkraut

Ist pfeffrig scharf und passt nicht nur zu Bohnengerichten, sondern auch zu Eintöpfen.

Estragon

Hat diesen gewissen Anistouch, den man entweder liebt oder wie der Teufel meidet.

Salbei

Gibt es in dutzend Sorten, die aber teilweise überzüchtet sind. Saltimbocca, yeah!

Thai-Basilikum

Schmeckt völlig anders als unser europäisches und sollte eher dezent eingesetzt werden.

Dill

Ist intensiv, paart sich in orientalischen Gerichten auch gerne mit Minze und Petersilie.

Bärlauch

Gibt es nur wenige Wochen im Jahr, dann aber dreht er geschmacklich voll auf.

Vogelmiere

Fristet zu Unrecht ein Schattendasein, ihr Geschmack ähnelt dem von jungem Mais.

Waldmeister

Besitzt einen einzigartig blumigen Duft. Weniger ist hier definitiv mehr.

KRÄUTER IM TOPF

Im Grunde beginnt die gute Lagerung und Konservierung von Kräutern schon mit dem Einkauf. Sie müssen sich frisch und jugendlich präsentieren, die Stängel dürfen nicht schlaff wirken, es sollten keine welken oder gelben Blätter oder braune Triebspitzen zu sehen sein. Das richtige – oder falsche – Gießen hat manchmal großen Einfluss darauf, wie lange Kräuter sich in der Küche halten. Wählen Sie einen hellen Standort und prüfen Sie täglich, wie sich die Pflanzen entwickeln. Basilikum sollte nie direkt von oben gegossen werden; es mag es am liebsten, wenn es sich das Wasser aus der Unterschale selbst ziehen kann. Das ist als Faustregel auch für andere Topfkräuter gerade richtig.

Trocknen

Nicht alle Kräuter sind nach dem Trocknen so aromatisch wie zuvor in frischem Zustand. Lediglich Lorbeer, Bohnenkraut und Oregano legen an Aroma zu. Waschen Sie die Kräuter nur dann, wenn sie schmutzig bzw. sandig sind. Ansonsten genügt es, sie kopfüber zu Sträußen gebunden einmal kräftig auszuschütteln. Halten Sie die Sträuße beim Trocknen klein, damit sie auch gut durchlüften können. Ideal ist ein Trockenplatz zwischen 20 und 25 °C, am besten schattig, also nicht der Sonne ausgesetzt.

Nicht gut: Das Trocknen der Kräuter im Backofen ist keine Option. Dadurch geht auch bei niedrigen Temperaturen viel Aroma verloren.

Einfrieren

Eine super Methode zum Konservieren von Kräutern ist Einfrieren. Hacken Sie die Kräuter fein, füllen Sie sie in Eiswürfelbehälter und übergießen Sie sie dann mit Wasser, Öl oder flüssiger Butter – je nach späterer Verwendung oder Bedarf. Nach dem Einfrieren aus dem Behälter nehmen und in einen Gefrierbeutel geben. Eine weitere Möglichkeit ist, Blätter wie Salbei in einer Vorratsbox einzeln auf eine Lage Backpapier zu legen und Blätter und Backpapier abwechselnd zu stapeln, sodass mehrere Schichten entstehen.

Aufpassen: Basilikum ist sehr kälteempfindlich und eignet sich nicht zum Einfrieren. Ab 4 °C wird es ihm schon zu frostig.

In Essig

Fürs Einlegen müssen die Kräuter sauber sein. Daher ist es ratsam, sie zunächst kurz unter kaltem Wasser abzubrausen und sie danach sanft, aber gründlich mit einem Küchentuch trocken zu tupfen. Zupfen Sie die Blätter dann von den Stängeln ab und hacken Sie sie grob, bevor Sie sie in ein Glas mit Schraubdeckel oder eine Flasche geben. Mitunter können auch ganze Stängel verwendet werden, wie man das zum Beispiel bei Estragonessig häufig sehen kann.

Wichtig: Die Kräuter müssen beim Einlegen komplett vom Essig bedeckt sein, es darf nichts aus der Flüssigkeit herausragen – sonst droht Schimmelalarm.

In Öl

Weit verbreitet ist das Einlegen von Kräutern in Öl, um damit Würzöle zu erzielen, die zum Kochen, aber auch am Tisch eingesetzt werden. Letzteres findet man in südlichen Ländern oft auch mit Chili angereichert, um beispielsweise einer Pizza den letzten Schliff zu verleihen. Es gelten die gleichen Grundregeln wie beim Einlegen in Essig, nur dass man bei der Auswahl der Öle darauf achten sollte, langlebige, kalt gepresste Sorten wie Olivenöl zu verwenden, die nicht so schnell ranzig werden wie Sonnenblumenöl.

Fertig: Wenn sie 2 bis 3 Wochen durchgezogen sind, sind die Kräuteröle bereit zur Verwendung und veredeln viele Gerichte.

In Salz

Die Kombination von Salz und Kräutern ist äußerst reizvoll, da der Eigengeschmack der Kräuter nicht nur über Monate bewahrt, sondern auch noch intensiviert werden kann. Das Mischungsverhältnis lautet 1 Teil Salz auf 4 Teile Kräuter. Gehen Sie so vor, dass Sie in einem breiten Glas mit Schraubdeckel zuerst eine feine Schicht Salz ausstreuen, darauf eine Schicht gehackte Kräuter legen, dann wieder Salz obenauf streuen und so weiter, immer Schicht für Schicht. Ist mehrere Monate bis zu einem halben Jahr haltbar.

Vorsicht: Da die Kräuter das Salz stark aufnehmen, sollten sie eher sparsam eingesetzt werden, um ein Gericht nicht zu versalzen.

EIN SCHNELLES PESTO

WER PESTO HAT, KANN IMMER FIX WAS AUF DEN TISCH BRINGEN.
Und man kann super variieren – da geht echt was!

Die Haltbarkeit verlängern Sie, indem immer eine Schicht Öl darauf ist. So hält es im Kühlschrank mehrere Wochen. Einfrieren oder Einkochen funktioniert auch.

Der Name Pesto kommt vom italienischen „pestare", was zerstoßen oder zerdrücken heißt. Traditionell wird das aufwendig im Mörser gemacht, der Stabmixer geht auch, dann wird es feiner, aber auch schnell etwas bitter.

Lieber mehr Pesto machen, als man eigentlich braucht. Dann ist schon ein kleiner Vorrat angelegt.

VOGELMIERENPESTO

Für 6 Portionen:
1 EL Pinienkerne
100 g Vogelmiere
2 Knoblauchzehen
2 EL geriebener Parmesan
2 EL Olivenöl extra vergine
Pfeffer, Salz
Saft von 1 Limette

Pro Portion: 68 kcal, 6 g F, 1 g KH, 1 g B, 2 g E

1 Pinienkerne in einer Pfanne ohne Fett oder 10 Min. bei 160 °C im Ofen anrösten, bis sie leicht glasig werden. Vorsicht, sie verbrennen sehr schnell! Die Vogelmiere waschen und trocken schleudern. Den Knoblauch schälen und hacken.
2 Mit einem Mixer oder im Mörser alle Zutaten zu einem Pesto verarbeiten und nach persönlichem Gusto abschmecken.

Tipp: Dieses Pesto passt ausgezeichnet zu handgemachter Pasta, die zu 20 bis 30 Prozent aus Kastanienmehl besteht. Zusammen schmeckt das schön nussig und fruchtig – und es ist außergewöhnlich.

SCHARFES ASIA-PESTO

Für 6 Portionen:
6 Frühlingszwiebeln
1 walnussgroßes Stück Ingwer
1 Stängel Zitronengras
2 grüne Peperoni
1 Bund Basilikum
1/3 Bund Thai-Basilikum
1 Bund Koriander
1/3 Bund Minze
Schale und Saft von 2 Limetten
2 EL Olivenöl
Salz, Pfeffer

Pro Portion: 54 kcal, 3 g F, 4 g KH, 1 g B, 1 g E

1 Frühlingszwiebeln putzen und in Ringe schneiden. Ingwer schälen und grob hacken. Zitronengras putzen und grob hacken. Die Kräuter putzen (bei Thai-Basilikum und Minze nur die Blätter nehmen, bei Basilikum und Koriander auch die Stiele) und grob hacken.
2 Alle Zutaten in der Küchenmaschine zu einem cremigen Pesto verarbeiten.

Tipps: Schmeckt gut zu Reis, gedämpftem Fisch oder auch zu Spaghetti mit Garnelen. Schärfe und Textur können Sie über Chili und Öl feinjustieren.

WÜRZIGES TOMATENPESTO

Für 6 Portionen:
3 vollreife Tomaten
1 rote Paprikaschote
3 Knoblauchzehen
2 EL Pinienkerne
3 EL Basilikum, gehackt
1 EL Oregano, gehackt
8 getrocknete Tomaten (in Öl)
4 EL Tomatenpüree
Salz, Pfeffer
Chiliflocken aus der Mühle
5 EL geriebener Parmesan

Pro Portion: 94 kcal, 6 g F, 4 g KH, 2 g B, 4 g E

1 Tomaten überbrühen, häuten, entkernen und das Fruchtfleisch klein schneiden. Paprika schälen, putzen und klein schneiden. Knoblauch schälen und hacken. Pinienkerne in einer Pfanne ohne Fett oder 10 Min. bei 160 °C im Ofen anrösten.
2 Alle Zutaten bis auf den Parmesan in der Küchenmaschine zu einem Pesto verarbeiten. Zum Schluss den Käse unterrühren.

Tipp: Das schmeckt nicht nur mit Pasta, sondern auch als Brotaufstrich, zu gekochten Eiern oder zu Schafskäse.

AUFGESCHWEMMT?

DER GESCHMACK WIRD VERWÄSSERT. Vor allem das „Baden" der Pilze im Spülbecken oder in einer Schüssel bringt einen kontraproduktiven Effekt. Pilze haben an sich schon, wenn sie frisch sind, einen gewissen Feuchtigkeitsanteil. Kommt dann noch Wasser hinzu, rächt sich dies später beim Anbraten: Die eigene Feuchtigkeit plus das Wasser laufen in der Pfanne aus und die Pilze dünsten eher, als dass sie braten. Wenn überhaupt mit Wasser reinigen, dann mit ordentlich Mehl darin. Das raspelt den Schmutz runter wie eine Reibe.

ABGEPUTZT!

KÜCHENTUCH ODER BÜRSTE GENÜGEN. Es ist selten, dass man heute noch stark verschmutzte Pilze im Handel bekommt. Zuchtpilze – und das ist ja der Löwenanteil – sind oft vorgeputzt, nur bei Pfifferlingen muss man selber ran. Da ist es völlig ausreichend, sie mit einem Küchentuch oder einer Pilzbürste abzureiben. Die hat etwas kürzere Borsten als ein Haushaltspinsel, damit sie am Pilz guten Widerstand leisten können, um Schmutz herauszulösen. Besonders gut funktioniert das an der Unterseite des Hutes bei und zwischen den Lamellen.

PILZE

Pilze stehen bei vielen Menschen hoch im Kurs – allerdings beschränkt man sich häufig auf die gängigsten, im Handel erhältlichen Zuchtpilze. Der Nährwert von Pilzen entspricht in etwa dem von Gemüse und nicht, wie früher angenommen, dem von Fleisch. Ihr Wassergehalt variiert zwischen 80 und über 90 Prozent, doch der Gehalt an Eiweiß und verwertbaren Kohlenhydraten ist beachtlich. Und dann kommen auch noch die wertvollen B-Vitamine, Vitamin D und etwas A und C hinzu. Im Sommer und Herbst gibt es auf den Märkten ein breites Angebot – einfach mal was Neues ausprobieren!

Zuchtpilze

Nummer sicher. Für Zuchtpilze muss ein natürlicher Lebensraum für die Sporengewächse imitiert werden. So werden sie meist auf Holzuntergründen mit einer Mischung aus Kompost, Stroh oder Mist gezogen. Je nach Sorte sind auch Getreide, Weizenkleie, Ölpresskuchen, Gips oder Kalk involviert. Auch wenn sich das alles nicht so appetitlich anhört: Es ist perfekt für Pilze. In der Küche sind Champignon, Kräuterseitling, Austernpilz oder Shiitake bedenkenlos und sehr variantenreich zu verwerten.

Clever: Um Pilze in der Pfanne richtig anzubraten, nie zu viele auf einmal hineingeben. Sonst dünsten sie, weil das Wasser nicht verdampfen kann.

Wildpilze

Wissen gefragt. Hier wird es kulinarisch richtig interessant – doch einfach mal so in den Wald gehen und sammeln, was man gerade findet, ist keine gute Idee. Man sollte sich schon gut auskennen und wissen, welche Pilze essbar, welche ungenießbar und welche sogar giftig sind. „Doppelgänger" sehen aus wie die essbare Version, sind es aber nicht. Steinpilze sind auch für Laien gut erkennbar und ohnehin der größte Pilzschatz in der Küche. Optisch ähnlich und auch äußerst beliebt ist der Maronen-Röhrling.

Dosis: Die meisten Fachleute sagen, dass es schadstofftechnisch unbedenklich ist, Wildpilze zu essen. Es gilt: Nicht zu viele, nicht zu oft.

Trocknen

Umami-Kings. Getrocknete Pilze haben oft geschmacklich mehr Wumms als frische Exemplare. Die Erklärung: Das Wasser ist draußen, die Aromen sind dadurch konzentrierter. Und das fördert umami, den fünften Geschmack. Getrocknete Pilze können Sie kaufen – oder selber machen. Das geht in einem Dörrapparat, im Backofen bei nicht mehr als 70 °C (nicht wirklich zu empfehlen, weil sie darin oft schwarz und hart werden) oder aufgefädelt an einer Schnur an einem luftigen und trockenen Ort.

Schnittig: Für beste Ergebnisse sollten die Pilze trocken und in 2 bis 3 Millimeter dicke Scheiben geschnitten sein.

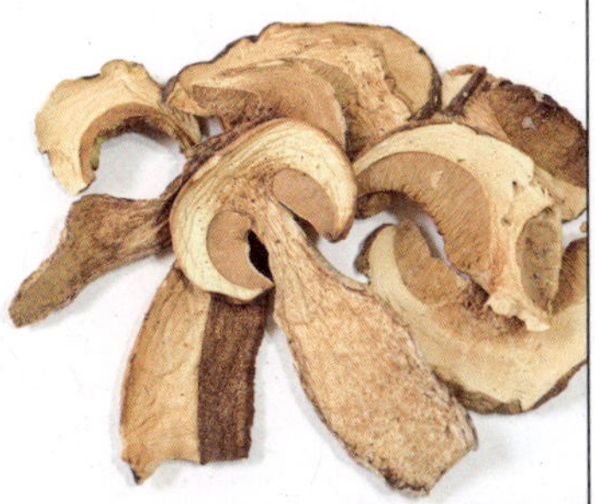

Einlegen

Saftige Sache. Hier wird der eigene Saft der Pilze genutzt. Dazu diese kurz mit Wasser abspülen (jetzt darf man das!), klein schneiden und in der Pfanne mit etwas Wasser 10 bis 15 Minuten dünsten. Danach mit dem Saft in Einmachgläser füllen und 1 Stunde im Wasserbad bei 95 °C sterilisieren. Das geht super mit festfleischigen Pilzen wie Stockschwämmchen, diversen Röhrlingsarten, Trichterlingen oder auch Milchlingen. Gewürzt werden sollten sie nur leicht, wichtig ist vielmehr das Eigenaroma.

Alternative: Natürlich gibt es auch die Möglichkeit, Pilze in Essig zu konservieren. Erst gesondert köcheln, dann in einen Essigsud geben.

Einfrieren

Echt schnell. Das Einfrieren markiert die schnellste Art, Pilze haltbar zu machen. Am besten ist es, man friert sie in rohem, geputztem Zustand ein. Blanchiert sparen sie zwar Platz im Froster, doch sie verlieren etwas an Geschmack. Eingefroren können sie locker sechs Monate lagern. Doch Vorsicht: Einmal aufgetaute Pilze oder Pilzgerichte sollten Sie nicht wieder einfrieren. Das Pilzeiweiß zersetzt sich rasch und kann zu gesundheitlichen Problemen führen.

Optional: Lassen Sie die Pilze vor der Zubereitung nicht auftauen, sondern geben Sie sie roh in die Pfanne. So entsteht weniger Wasser und der Pilz behält besser seinen Geschmack.

KLEINER FLECKEN-NOTDIENST

Flecken und Gerüche sind eine lästige, aber ganz normale Sache, wenn man kocht. Es geht manchmal etwas daneben und man fasst Dinge an, die einen Eigengeschmack und damit auch einen Eigengeruch haben. Und wenn schon! Nicht alles muss immer geruchsfrei und leicht und angenehm zu verarbeiten sein. Durch manches muss man halt durch. Wenn es stark färbende Zutaten wie Kurkuma oder Rote Bete gibt, sollten Sie in der Küche nicht unbedingt Ihren Lieblingspulli anziehen.

Gegen Gerüche im Kühlschrank hilft das alte Hausmittel, ihn mit Essigwasser auszuwischen. Das Gleiche wirkt auch bei einem Brotkasten, in dem schimmeliges Brot war. Essig dünstet nachhaltig aus, Problem beseitigt.

Schärfe von den Händen

Es bringt gar nichts, zu versuchen, nach dem Umgang mit Chili oder Peperoni die Hände mit Wasser und Seife zu waschen. Capsaicin, der Wirkstoff, welcher für die Schärfe sorgt, ist nämlich nicht wasserlöslich. Dieser Fakt kommt auch zum Tragen, wenn man etwas zu Scharfes gegessen hat und sich dann durch Trinken von Wasser, Saft oder Bier Linderung verschaffen möchte. Schlägt garantiert fehl. Die gute Nachricht: Capsaicin ist fettlöslich. Also: Hände mit ein paar Tropfen Öl einreiben, dann waschen. Und weg ist die Schärfe. Augenreiben tut nicht mehr weh.

Abhilfe: Trinken lindert die Schärfe vom Essen nicht, aber Joghurt oder ein Löffel Olivenöl helfen.

Knoblauch und Zwiebeln

Mehrere Tipps gibt es dafür, den Duft von Knoblauch und Zwiebeln von den Händen zu bekommen. Die einen schwören auf das „Wundermittel" Gallseife – in der Tat schafft sie es wesentlich besser als normale Seife, die Gerüche zu neutralisieren. Die anderen halten ein Edelstahlteil in Seifenform für die beste Möglichkeit – und auch das tut seinen Dienst. Man ist sich in der Wissenschaft noch nicht einig, ob es eine katalytische Wirkung oder eine Absorption ist, die den Geruch von den Händen nimmt. Egal: Es hilft!

Alternative: Sie können Ihre Hände auch mit Zitronensaft oder (aber Obacht!) Zahnpasta einreiben. Gelingt!

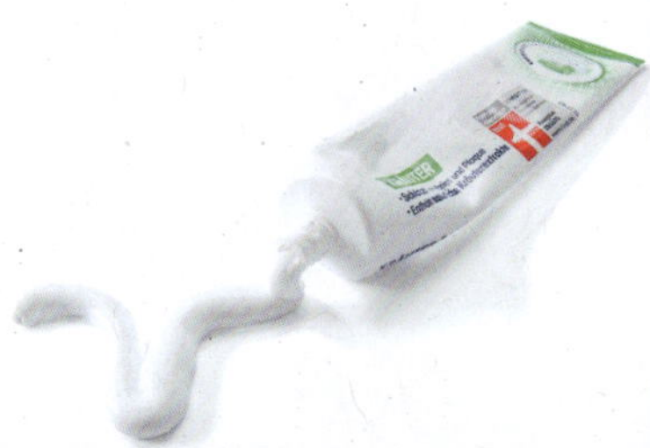

Rote Bete

Der Super-GAU entsteht zwar erst, wenn Sie sich weiß bekleidet in die Küche stellen, um overdressed die Rote Bete zu schneiden, aber eine sensible Behandlung des Gemüses ist grundsätzlich angesagt. Es wurde früher als Färberpflanze eingesetzt, weil es nachhaltig farbige Spuren hinterlässt. Das einfachste Mittel gegen Flecken auf Textilien: Ein Stück Weißbrot in Wasser einweichen und auf den Fleck legen. Saugt ganz schön was raus. Aber alles?

Schutz: Beim Verarbeiten Einweghandschuhe anzuziehen oder die Beten unter fließendem Wasser zu schälen und zu schneiden sind gute Ideen gegen rote Finger.

Eingebranntes

Wasserkraft ist nicht nur zu beobachten, wenn es um ein enges Flusstal, eine Klamm oder Stromschnellen geht. Auch in der Küche können Sie sie nutzen. Sofort nach der Benutzung sind Pfannen oder Töpfe oft schwer zu reinigen, wenn es mit der Temperatur mal etwas schärfer zur Sache ging. Aber Zeit ist ein echter Faktor, und da kommt auch Wasser ins Spiel. Einfach hineingeben und stehen lassen, es muss nicht mal heißes Wasser sein. Siehe da: Nach ein paar Stunden, spätestens über Nacht, lösen sich die Rückstände problemlos.

Reiberei: Edelstahlschwämme leisten gute Dienste, wenn ihre Kanten abgerundet sind.

Düfte in der Küche

Der nachhaltige Geruch, den Kochen zeitweise in der Wohnung entfaltet, ist ja schon etwas, das einen stören kann. Na gut, es gab Fisch zum Essen – aber muss man das drei Stunden danach auch noch riechen? Nein, muss man natürlich nicht. Denn da gibt es ein paar klasse Hausmittel: Ein Töpfchen Wasser mit einem kräftigen Schuss Essig erwärmen. Oder ein paar Orangen-/Zitronenschalen auf eine noch warme, aber nicht mehr heiße Herdplatte legen. Oder einen Teller mit Kaffeepulver aufstellen. Diese drei Tipps wirken garantiert!

Ähm: Wie wäre es mit Fenster öffnen und Lüften während des Kochens? Keine schlechte Idee …

Kochen – ein großes, weit ausholendes Wort. Umgangssprachlich werfen wir damit alles in einen Topf, was wir in der Küche so mit Lebensmitteln anstellen. Dabei gibt es durchaus viele Nuancen und Begrifflichkeiten.

DAS KOCHEN

WAS IST KOCHEN?

Ein Wörterbuch definiert den Begriff „kochen" meist als das Erhitzen einer Flüssigkeit bis zum und am Siedepunkt. Rein technisch betrachtet geht es also um das Erreichen von 100 °C – was für viele Lebensmittel viel zu heiß ist. Gedacht ist das nur für Zutaten, bei denen es aufgrund ihrer Struktur sinnvoll ist: grüne Bohnen oder auch Kartoffeln beispielsweise, die bei niedrigeren Temperaturen ewig brauchen würden, um weich zu werden. Wir kennen das aus Sprichwörtern und stehenden Begriffen wie „ein hartgesottener Typ" oder „den müssen wir erst mal weichkochen". Umgangssprachlich meint man mit „kochen" alle Tätigkeiten in der Küche, bei denen Lebensmittel gegart und zubereitet werden.

1. Was da passiert

Beim beständigen Brodeln im Topf laufen physikalisch, vor allem aber chemisch Prozesse ab, die das darin befindliche Lebensmittel in Struktur, Textur und Geschmack, aber auch in der Farbe deutlich beeinflussen. Durch die Hitze werden die Zellstrukturen mit ihrem Gewebe aufgelockert und durchbrochen, Eiweiße werden zum Gerinnen gebracht, Fett wird verflüssigt, Stärke hingegen verfestigt sich, Bindegewebe gelieren mit der Zeit. Manchmal braucht es tatsächlich die Hitze, damit Geschmack überhaupt erst entsteht oder zum Vorschein kommt. Und es findet ein Übergang von Mineralstoffen statt, die roh nicht freigesetzt werden. Bestes Beispiel hierfür sind Möhren, die erst in Verbindung mit Fett oder gegart ihre Nährstoffe hergeben. Salopp gesprochen wird durch das Kauen roher Möhren mehr Energie verbrannt als beim Essen neu hinzukommt.

Gekochte Lebensmittel sind besser verdaulich als rohe – das stimmt beispielsweise für Fleisch. Andere werden durch das Kochen erst genießbar, weil sie ansonsten auch giftig sein können. Dies trifft auf Kartoffeln und anderes Wurzelgemüse ebenso zu wie auf die meisten Pilze.

Lebensmittel kann man durch das Einmachen oder Einkochen haltbar machen, weil sie damit sterilisiert werden. Das wirkt sich auf die Gesundheit aus, denn es dämmt die Entstehung von und den Befall durch Bakterien signifikant ein.

In Summe stellte die Erfindung des Kochens entwicklungsgeschichtlich einen großen Schritt dar. Die Menschheit konnte ihr Ernährungsspektrum wesentlich erweitern und dies dürfte einer der Hauptpunkte gewesen sein, vom Nomadentum zur Sesshaftigkeit überzugehen.

2. Niedriger ist besser

Es gibt nur wenige Lebensmittel, die tatsächlich die volle Hitzeladung brauchen. Meist reichen sanftere Wege. Garen wäre demnach die weitaus bessere Wahl. Damit ist gemeint, dass wir das Lebensmittel so weich bekommen, wie wir es uns zum Genuss wünschen – es sagt erst einmal nichts über die Temperatur aus, die dafür benötigt oder angewendet wird. Im Kapitel über Sous-vide (siehe Seite 42/43) wurde das schon angesprochen. Der Garpunkt wird also mehr über die Garzeit als über die Temperatur geregelt.

Nun haben die Herde keine Temperaturanzeige, sodass man nur grob abschätzen kann, wie hoch die Temperatur wirklich ist. Was aber fast immer für eine (zu) hohe Einstellung spricht, ist, wenn das Wasser sich richtig wallend bewegt oder sprudelt.

3. Andere Garmethoden

Außer dem Kochen an sich stehen weitere Möglichkeiten zur Verfügung. Da wäre einmal das Dünsten. Das ist das Garen einer Zutat mit ein wenig Flüssigkeit. Diese kann aus Wasser, Wein, Brühe oder auch Fett sein. Das Gargut wird dadurch zarter bleiben, weil Saft ins Gewebe eindringt.

Richtig schonend ist das Dämpfen für Gemüse, Fisch und anderes. Das Lebensmittel kommt nicht direkt mit Wasser in Berührung, sondern nur mit Wasserdampf. Es wird daher wesentlich weniger ausgelaugt, Farbe und Nährstoffe bleiben besser erhalten. In vielen Küchen findet sich heute ein Dampfgarer, doch Garen funktioniert auch mit den asiatischen Bambusdämpfern, die man auf den Topf stellt. Eine clevere Idee: Füllen Sie einen Topf wenige Zentimeter hoch mit Wasser und stellen Sie eine Tasse oder Schale umgedreht hinein. Darauf legen Sie ein aufklappbares Dämpfsieb mit Ihrem Gemüse. Aufkochen lassen, Deckel drauf und garen.

Auch das Blanchieren hat seinen Zweck. Dafür wird Wasser in einem Topf erhitzt, mit etwas Salz versehen und das zerkleinerte Gemüse darin portionsweise so kurz gegart, dass es gerade beginnt, weich zu werden. Dann holen Sie das Gemüse aus dem Topf und legen es in eine Schüssel mit Eiswasser, wenn möglich tatsächlich mit Eiswürfeln drin. Damit wird der Garprozess gestoppt, das Gemüse bleibt noch knackig. Und die Farbe bleibt bestehen.

Natürlich darf das Schmoren nicht unerwähnt bleiben. Beliebt sind klassische Schmorgerichte aus Fleisch (aber auch vegetarische zum Beispiel aus Auberginen). Sie garen in reichlich Saft oder Soße über mehrere Stunden hinweg. Ein gutes Beispiel dafür ist das Ossobuco aus Kalbsbeinscheiben, welche bei niedriger Temperatur über 6 bis 8 Stunden hinweg immer zarter werden. Und ein Gulasch schmeckt aufgewärmt am nächsten Tag noch mal besser – wie fast alle Schmorgerichte.

SPRUDELND KOCHEN?

NEHMEN WIR EIN GRUNDPRODUKT: Wenn wir rohe Kartoffeln kochen, darf es ruhig wallend geschehen. Kartoffelknödel oder Gnocchi jedoch zerfallen, Maultaschen und Tortellini verlieren ihre Form, die Füllung geht ins Wasser über. Theoretisch könnte man dann das Kochwasser auslöffeln, es würde besser schmecken als die Knödel und Tortellini selbst. Abgesehen davon verändert die Stärke in solchen Produkten die Textur des Wassers bei hohen Temperaturen derart, dass es überkocht. Das merkt man oft auch ungewollt beim Nudelkochen.

SANFT GAREN!

BLEIBEN WIR BEI DEN KNÖDELN: Die wollen leise siedend ziehen, wie man so schön sagt. Das Wasser bewegt sich dabei nur minimal und zeigt lediglich an, dass sich hier was tut. Aber eben vorsichtiger. Die Knödel erhalten ihre Form, auch die Gnocchi fallen nicht auseinander, Maultaschen bleiben kompakt. Den Grad der Bissfestigkeit von Pasta kann man besser bestimmen, wenn man mehr Zeit dafür hat. Dieses Prinzip ist quasi auf alle gekochten Teige anwendbar, aber: Nicht totgaren und zu weich werden lassen!

KLEINE TOPFKUNDE

Man könnte meinen, ein Topf ist einfach nur ein Gefäß, in dem man Dinge erhitzen kann. Stimmt auch! Ist es dann nicht völlig egal, wie groß oder klein er ist, welche Form er hat und aus welchem Material er ist? Nein, das nun wieder ganz und gar nicht. Die Unterschiede können sehr groß sein und die Verwendung des richtigen Topfs hängt von der Art der Hitzequelle, seinem Inhalt oder gar von Traditionen im kulturellen Umfeld ab.

Die Wahl des richtigen Materials

Die meisten Töpfe in deutschen Küchen bestehen aus Edelstahl und eignen sich prinzipiell für alle Herdarten einschließlich Induktion.

Schon bei unseren französischen oder italienischen Nachbarn sieht das anders aus. Hier wird traditionell noch viel auf Gas gekocht, und da sind leichte Alutöpfe eine günstigere Alternative. Allerdings ergibt sich da ein größerer Energieverlust, denn dickwandigere Töpfe können die Hitze besser halten. Das ist ein wesentliches Argument für Töpfe aus Gusseisen. Töpfe aus Kupfer sehen zwar edel aus und leiten Hitze sehr gut – sie müssen jedoch des Öfteren poliert und geputzt werden, insbesondere, wenn sie auf Gas verwendet werden. Induktionstauglich sind sie nur, wenn der Topfboden einen Stahlkern besitzt.

Der Griff zur richtigen Größe

Wenn Töpfe zu klein sind, wird das Kochergebnis nicht immer überzeugen können. Das beginnt schon bei Nudeln, die viel Wasser um sich herum brauchen. Ist der Topf nicht groß genug, verkleben sie durch ihre Stärke miteinander.

Man muss in einem Topf herumfuhrwerken können, ohne gleich rund um den Herd ein vollgespritztes Schlachtfeld zu hinterlassen. Kleiner darf es dann sein, wenn nur eine Soße aufgewärmt oder reduziert werden soll. Hier sind Stielkasserollen mit konischer Form gut geeignet; sie werden nach oben hin breiter und schaffen damit eine größere Ober- und Verdunstungsfläche.

Früher noch beliebter als heute war der Römertopf, der die darin gegarten Speisen wie zum Beispiel ein Huhn gleichzeitig saftig und kross werden lässt. Dem gleichen Prinzip folgt die nordafrikanische Tajine.

Grundsätzlich sollte man, außer beim Reduzieren, mit Deckeln arbeiten. Dann geht weniger Hitze verloren, Kondenswasser tropft wieder aufs Gargut – und die Kochzeit verkürzt sich.

HITLISTE

DIE BRAUCHEN SIE NICHT ALLE, aber jeder Einzelne davon hat seine ganz eigene Berechtigung und Funktion in der Küche.

Großer Suppentopf

Wird immer gebraucht, wenn's größere Portionen sein sollen, auch für Fonds.

Nudeltopf

Es gibt kein Leben ohne, die Größe variiert je nach Personen im Haushalt.

Schmortopf

Eher breit als hoch, hat Platz auch für größere Fleischstücke. Oft aus Gusseisen.

Soßentopf

Darin werden Soßen reduziert, es reicht also eine überschaubare Größe.

Stielkasserolle

Durch den Stiel bieten sich mehr Möglichkeiten des Rüttelns statt Rührens an. Diverse Größen.

Spargeltopf

Hoch und schmal mit einem gelochten Einsatz für die zarten und sensiblen Stangen.

Schnellkochtopf

Hier wird über Dampf ordentlich Druck erzeugt, die Lebensmittel dennoch schonend gegart.

Römertopf

Ist aus unlackiertem Ton und muss vor seiner Verwendung gewässert werden.

Slow Cooker

Morgens anstellen, abends ist das Essen fertig, dank niedriger Gartemperaturen.

Unser täglich Salz
Experten raten dazu, dass wir jodiertes Salz zu uns nehmen sollten. Es gibt keinen geschmacklichen Unterschied, stellt aber die benötigte Jodversorgung sicher.

IM TREND: SALZ

Das Thema Salz erregt die Gemüter, wenn es um die „richtige" oder gar um „gesunde" Ernährung geht. Die Deutsche Gesellschaft für Ernährung (DGE) rät zu maximal 6 Gramm Salz pro Tag, die Weltgesundheitsorganisation (WHO) setzt 5 Gramm an. Das Problem dabei: Es hat kaum ein Verbraucher richtig im Griff. Weil wir nicht wissen, wo überall Salz drin ist.

Salz selbst einzusetzen in der Küche ist in diesem Zusammenhang das ungefährlichere Feld, da wir mit nur ca. 2 Gramm pro Tag aktiv salzen – der Rest der durchschnittlich 8 bis 10 Gramm Speisesalzzufuhr in Deutschland kommt über die verarbeiteten Lebensmittel.

Wann salzen? Es kommt darauf an, was man überhaupt kocht. Nudelwasser wird erst gesalzen, wenn es kocht, damit das Salz sich sofort auflöst und keine Regenbogenfärbung des Topfbodens erfolgt. Machen Sie ein gekochtes Huhn, salzen Sie wenig – für eine kräftige Hühnerbrühe hingegen braucht es viel Salz gleich zu Beginn, um die Zellstruktur des Huhns aufzubrechen. Bei vielen Gerichten reicht es, am Ende zu salzen. Dann haben Sie auch die Menge gut im Griff. Salz ist zu ca. 93 Prozent nichts weiter als Natriumchlorid. Dennoch findet ein Hype um Salz statt, was dazu führt, dass so manche Sorte zu völlig überzogenen Preisen angeboten wird. Ein Überblick:

1 **Mecrsalz** entsleht in flachen Becken oder Seen an der Küste. Durch Verdunstung erhöht sich die Salzkonzentration im Wasser und am Ende kristallisiert das Salz am Boden.

2 **Fleur de Sel** ist die teuerste Variante von Meersalz. Es wird als hauchdünne Schicht manuell von der Oberfläche abgeschöpft. In jüngster Zeit wurde verstärkt Mikroplastik darin entdeckt.

3 **Steinsalz** war auch einmal Meersalz, welches durch Austrocknen eines Meeres entstand.

4 **Himalajasalz** ist vom Wort her eine Mogelpackung, denn es kommt aus einer sehr alten Salzmine in Pakistan – hunderte Kilometer vom Himalaja entfernt.

5 **Rauchsalz** ist entweder geräuchertes oder mit Raucharoma versehenes Salz.

6 **Gefärbte Salze** können optische Highlights sein. Mit Algen, Asche oder vulkanischem Ton spektakulär gefärbt machen sie schon was her!

DAS EI – DER KÜCHEN-ALLROUNDER

Eier sind so dermaßen selbstverständlich in der Küche, dass man sich eigentlich keinen Kopf darüber macht, was man damit alles anstellen kann. Eier isst man zum Frühstück oder man bäckt damit Kuchen. Doch das ist für dieses Multitalent ja nur ein Klacks, denn das Ei kann noch viel mehr. Was die Profis damit anstellen, können Sie natürlich auch zu Hause machen. Vermutlich tun Sie das sogar – auch wenn Ihnen der chemische Faktor mit seiner Begrifflichkeit dahinter gar nicht klar oder geläufig ist.

1. Emulgieren

Bestimmt haben Sie selbst schon einmal eine Sauce hollandaise geschlagen oder eine Mayonnaise hergestellt. Dass sich dabei die einzelnen Zutaten miteinander verbinden, ist der Eigenschaft des Eigelbs als Emulgator zu verdanken. Das bedeutet, zwei eigentlich nicht untereinander vermischbare Stoffe wie Fett und Wasser halten zusammen. Beim Eigelb sind die Lecithine, also Fettsäureverbindungen, dafür verantwortlich. Weitere Emulgatoren in der Küche sind Honig und Senf, die Geschmäcker allerdings stärker verändern als das Ei.

2. Binden

Eier nehmen Flüssigkeit auf, sogar bis zum Zweieinhalbfachen ihres Eigengewichts. Das bedeutet, man kann mit einem einzigen Ei der Größe M (ist definiert zwischen 53 und 63 Gramm) bis zu 157 Gramm Flüssigkeit binden. Das macht man sich beispielsweise für Kartoffelteige (Gnocchi, Knödel) oder auch Hackbraten zunutze.

3. Legieren

Eine Variante des Bindens ist das Legieren, welches gerne für Suppen oder Soßen angewendet wird. Eigelb wird mit etwas Sahne angerührt und mit dem Schneebesen in die heiße, aber nicht mehr kochende Suppe eingerührt. Im Ergebnis wird die Suppe verfeinert und leicht gebunden. Eigentlich eine ganz einfache Sache. Ist die Suppe allerdings zu heiß, besteht die Gefahr, dass das Ei ausflockt. Schmeckt immer noch gut, sieht nur nicht mehr so schön aus.

4. Lockern

Wer das Schlagen von Eischnee perfekt beherrscht, gibt gerne auch ein wenig damit an: Dann dreht man die Schüssel schon mal auf den Kopf, um zu demonstrieren, dass alles am Schüsselboden hängen bleibt. Möglich macht dies die Eigenschaft des Eiklars (Eiweiß), Luft aufnehmen zu können. Das Volumen vergrößert sich dadurch immens. Eischnee ist aber instabil und verlangt zügige Verarbeitung. Man verwendet ihn beispielsweise bei der Herstellung von Mousse, um sie schön luftig zu gestalten. Auch in Biskuitteigen oder für Kaiserschmarren nimmt man ihn gerne. Fest wird Eischnee bei einer Temperatur von etwas über 70 °C – dann wird er zu dem, was man Baiser nennt. Ein cooler Trick beim Grillen ist es, eine Kugel Eis in Eischnee zu hüllen und so zu backen. Der rasch fest werdende Eischnee wirkt isolierend – das Eis bleibt tatsächlich kalt.

5. Klären

Beim Herstellen von Brühen werden immer auch Trubstoffe aus Fleisch und Knochen ausgekocht. Damit die später die Suppe nicht „vernebeln", können sie mit am Ende in die Brühe geschlagenem und kurz mitgekochtem Eiweiß gebunden werden. Dadurch wird die Brühe klar. Die Trubstoffe sinken auf den Topfboden ab oder werden mit dem Schaumlöffel herausgehoben. Dieses Verfahren wird teilweise auch bei der Weinbereitung angewendet. Bei Rotweinen, speziell bei in Holzfässern ausgebauten, treten sehr oft Trubstoffe auf, die meist ausgefällte Tannine sind. Wenn man den Wein nicht unnötig durch Filtration strapazieren will, klärt man ihn eben mit Eiweiß. Geschmacklich wirkt sich das übrigens nicht negativ aus. Streng genommen ist dieser Wein dann aber nicht vegan.

6. Färben

Was Hühner zu fressen bekommen, wirkt sich sofort auch auf die Farbe des Eidotters aus. Ist der Anteil an Carotinoiden eher hoch, wird das Eigelb intensiver in der Farbe, andernfalls bleibt es eher blass, kann aber immer noch gut zum Färben benutzt werden. Praktisch umgesetzt wird das beispielsweise beim Bestreichen von Blätterteig vor dem Backen oder bei Gebäck, besonders in der Zeit vor Weihnachten. Manchmal vermischt man das Eigelb zuvor auch noch mit einem Schuss Sahne.

7. Kleben

Eine ganz wichtige Funktion für alle, die gerne Teige füllen. Also Nudelteige in diesem Fall. Damit die Lagen nicht beim Kochen auseinandergehen, werden sie mit verquirltem Eiweiß an den Rändern bestrichen und aneinandergedrückt. Das minimiert die Gefahr des Aufgehens von Ravioli oder Maultaschen erheblich.

Übrigens: Der Umgang mit rohem Ei ist, weil es eine Salmonellenquelle ist, immer riskant und erfordert sauberes Arbeiten. Danach stets sofort die Hände reinigen. Putzlappen gehören nach Kontakt in die Wäsche.

Spiegelei

Sunny side up: So nennen die Amerikaner ein Spiegelei – eine sehr hübsche und positive Beschreibung! Es gibt ja das Lager derer, die den Dotter am Ende schön fest haben wollen und derer, die ihn noch flüssig mögen, sodass er mit dem Brötchen aufgetunkt werden „muss". Abhängig ist dies von der Dauer des Backens. Allen Spiegeleiern gleich: Butter in einer beschichteten Pfanne schaumig (nicht braun!) zerlassen und möglichst frische Eier so einschlagen, dass der Dotter nicht verletzt wird. Außer würzen gar nichts machen. Das Ei löst sich ganz von selbst vom Boden der Pfanne.

Testen: Würzen mit Curry und Paprikapulver, bestreuen mit frischem Koriander.

Rührei

Qualitätscheck: Bei Rührei kommt für kommerzielle Zwecke, also in Hotels, Restaurants, Cafés oder Kantinen, nicht selten das berühmte Flüssigei zum Einsatz. Das sind bereits aufgeschlagene Eier, die es beispielsweise im Tetrapack gibt. Zu Hause nimmt man natürlich frische Eier und verquirlt sie mit Salz und Pfeffer. Pro Person zwei Eier sind eine ordentliche Größe zum Sattwerden. So geht's: Butter in die Pfanne geben und dann die Eimasse rein. Immer wieder kurz durchrühren. Sehr geringe Hitze belässt das Rührei schön weich, mittlere Hitze macht es herrlich fluffig.

Luftiger? Dann einen Schuss Wasser oder Milch in die Eimasse rühren.

Omelett

Basisversion: Ganz simpel ist ein Omelett, welches nur aus Eiern, Salz, Pfeffer und ein wenig Schnittlauchröllchen besteht. Dafür Butter in der Pfanne zerlassen und die verquirlte, gewürzte Eimasse ohne große Bewegung 1 Minute in der Pfanne stocken lassen. Einmal mit der Gabel durchrühren und mit dem Schnittlauch bestreuen. Weiterbacken, bis sich das Omelett an der Unterseite gut lösen lässt. Die Oberseite ist im Idealfall gerade mal so gestockt. Vorsicht: Zu langes Backen lässt es trocken werden.

Mahlzeit! Für ein Bauernfrühstück kommen gegarte Kartoffelscheiben, Zwiebeln, Rauchfleisch, Tomaten und Knoblauch dazu. Und mehr Kräuter.

Gekochtes Ei

Ein Dreierlei: Das gekochte Ei ist DER Frühstückshit schlechthin. Und stellt eine hochphilosophische Frage: Wie möchtest du dein Ei? Für weich gekochte Eier, bei denen Eiweiß und Eigelb noch flüssig sein sollen, genügt eine Kochzeit von 3 bis 4 Minuten. Wachsweiche Eier, also Eiweiß schon fest, Dotter jedoch noch schön cremig, brauchen 5 bis 6 Minuten. Wer sein Ei hart mag, kocht es 10 Minuten. Dann ist es auch geeignet, in Scheiben geschnitten auf belegten Brötchen angerichtet zu werden.

Mal anders: Stechen Sie ein Ei an einem Ende mit einer Nadel an, legen Sie es in Wasser und stellen Sie es 2 Minuten in die Mikrowelle. Wachsweich.

Ei aus dem Ofen

Viel zu selten: Diese Version macht man sich eigentlich nicht oft genug, dabei sind im Ofen gebackene Eier eine sehr variable Sache. Und alles, was man im Ofen garen kann, ist irgendwie schön aufgeräumt und fast von selbst fertig. Das Prinzip: Die Eier werden in kleine, mit Butter ausgeriebene Auflaufformen gegeben. Da können dann andere Zutaten nach Lust und Laune hinzukombiniert werden: Käse, blanchierter Spinat, Speck, Nüsse, Schmand, Schinken, Tomaten, Gemüse, Pilze … Die Schüsseln kommen im Ofen ins Wasserbad und werden gebacken, bis die Eier zum Wunschgrad gestockt sind.

Temperatur: Bei 175 °C in 12 bis 15 Minuten fertig.

Solei

Fast vergessen: Das gute alte Solei ist eine typisch deutsche Spezialität. Man kocht Eier hart, pellt vorsichtig die Schale ab und legt sie dann in eine Kochsalzlösung. Das konserviert sie so gut, dass sie selbst nach Monaten noch gegessen werden können. Den Sud kann man auch würzen. Die Spanne reicht von Piment, Wacholder, Lorbeer und Kümmel bis zu Zwiebelschalen und Nelken. Auch Färbungen sind möglich, zum Beispiel mit Rotkohl.

Wie essen? Die Eier längs halbieren, Dotterhälften herausnehmen, Essig, Öl und Pfeffer sowie etwas Senf in die Mulde geben, die Dotter wieder reingeben. In einem Happs essen!

SCHRITT FÜR SCHRITT ZUM POCHIERTEN EI

1. Wasser erhitzen. Einen Topf mit ausreichend Wasser füllen. Es sollte mindestens doppelt so hoch stehen, wie das Ei groß ist. Das Wasser zum Kochen bringen.

2. Essig zugeben. Sobald das Wasser kocht, 1 bis 2 Esslöffel Essig zugeben. Es sollte im Idealfall ein heller Weißweinessig sein, aber Apfelessig geht natürlich auch.

3. Ei aufschlagen. Jedes Ei einzeln und richtig vorsichtig in eine Tasse aufschlagen. Trick: Die Tasse vorher kurz kopfüber über den Wasserdampf halten, dann gleitet das Ei besser hinein.

4. Strudel erzeugen. Mit einer Gabel im jetzt nur noch simmernden Wasser einen Strudel erzeugen, indem man kräftig in eine Richtung rührt.

5. Ei einlaufen lassen. Das sollte jetzt schnell gehen: Das Ei aus der Tasse ins Wasser gleiten lassen. Der Strudel hält das Ei in der Mitte, es driftet somit nicht auseinander.

6. Köcheln lassen. Das Ei darf nun keinesfalls mehr sprudelnd kochen – es würde zerreißen. Also nur locker simmern oder sieden lassen. Nach ca. 5 Minuten ist es gar.

7. Ei herausheben. Das fertige Ei wird mit einem Schaumlöffel vorsichtig aus dem Wasser herausgehoben und am besten sofort auf dem Teller platziert und gleich gegessen.

8. Ei genießen. Pochierte Eier sind innen noch schön flüssig. Sie passen hervorragend zu Spinat und Kartoffeln. Aber auch zu Spargel, mit darübergehobeltem Parmesan und Rucola.

DA HABEN WIR DEN SALAT!

NICHT NUR FÜR VEGETARIER: Salat haftet immer das Image an, gar kein vollwertiges Essen, sondern nur Beilage zu sein. Nun, es kommt darauf an, was man draus macht.

Kopfsalat

Wegen seiner Vielseitigkeit der beliebteste Salat der Deutschen. Ist das ganze Jahr verfügbar, doch hat Freilandware im Sommer eine höhere Qualität.

Endiviensalat

Scheint ein wenig aus der Mode zu sein, dabei tun seine Bitterstoffe dem Körper richtig gut. In handwarmem Wasser putzen!

Wildkräutersalate

Haben oft mehr Vitamine und Mineralien als ihre Kollegen. Enthalten zum Beispiel Ackersenf, Löwenzahn, Gundermann und Taubnesseln.

Pflück- und Schnittsalate

Wachsen in der Regel nicht als Kopf, sondern als kleine Rosetten, ähnlich wie beim Feldsalat. Es gibt sie, bereits verlesen, im Supermarkt zu kaufen.

IN FRÜHEREN ZEITEN gab es einmal die Grundregel, im Sommer Salate zu essen, im Winter dafür vorwiegend Gemüse. Das ist heute dank ganzjähriger Verfügbarkeiten und Gewächshausaufzucht keineswegs mehr so. Es gibt Salate in Farben von sehr hellem über sehr dunkles Grün bis hin zu starkem Rot. Die Blätter können riesig sein oder auch winzig, fest und sehr zart, glatt, gezackt und auch, wie beim Frisée, ganz schön strubbelig. Weil Salate viel Wasser und auch wenig Energie enthalten, machen die grünen Blätter allein kaum satt. Kombiniert mit Linsen, Bohnen, Feta, Pecorino, Oliven, Nüssen oder gegrilltem Gemüse wird aus dem Grünzeug im Handumdrehen ein Hauptgericht, das glücklich macht.

Botanisch lassen sich Salate grob in zwei Gruppen aufteilen.

- Lattich-Gruppe: Kopfsalate, Batavia, Eisberg, Lollo rosso und bianco, aber auch Pflücksalate.
- Zichorien-Gruppe: Radicchio, Chicorée und Endiviensalat – unter anderem.

ALLES AUF EINMAL?

DIE REIHENFOLGE MACHT'S. Öl hat ja die durchaus erwünschte Eigenschaft, alles zu binden. Im Fall eines Salatdressings würde man also alle Inhaltsstoffe miteinander vermixen. Das Problem dabei: Manche Stoffe verklumpen so sehr schnell. Und dazu gehören nun einmal Gewürze. Das heißt, Sie haben an einer Stelle mal mehr, an einer anderen Stelle mal weniger Gewürze auf Ihrem Salat. Hört sich nicht gut an, sieht nicht gut aus und es schmeckt auch nicht besonders gut, auf eine Pfefferanhäufung oder so zu beißen.

ÖL ERST ZUM SCHLUSS!

DIE ZUBEREITUNG IST TOTAL SIMPEL: Erst den Essig mit Salz und Pfeffer verrühren und kurz stehen lassen. Damit ist genügend Zeit vor allem für das Salz vorhanden, sich im Essig aufzulösen – es wird am Ende keine spürbare Körnigkeit in der Salatsoße geben. Anschließend kann man ganz normal die weiteren Zutaten, natürlich auch das Öl, hinzufügen. Jetzt nochmal kräftig schütteln oder rühren und das Dressing über den Salat geben. Solch ein Essig-Öl-Dressing hält sich im Kühlschrank übrigens mehrere Wochen.

ESSIG UND ÖL

Für 4 Portionen:
1 Schalotte
1 Knoblauchzehe
2 EL Weinessig
Salz, Pfeffer
1 Prise Zucker
½ TL grobkörniger Senf
6 EL Öl

Pro Portion: 139 kcal, 15 g F, 1 g KH, 0 g B, 0 g E

1 Schalotte und Knoblauch schälen und sehr fein hacken. Alle Zutaten bis auf den Senf und das Öl in ein Schraubglas geben, den Deckel schließen und gut schütteln. Kurz stehen lassen.

2 Senf und Öl zugeben und erneut bei geschlossenem Deckel schütteln.

Welches Öl? Fühlen Sie sich frei zu experimentieren. Olivenöl bringt viel Geschmack, manchmal auch eine leichte Bitternote. Die meisten anderen Pflanzenöle sind eher neutral. Bei kräftigen Salatsorten können Sie auch mal Walnussöl nehmen.

ZITRUS UND JOGHURT

Für 4 Portionen:
3 Stängel Minze
1–2 Limetten
100 g Joghurt
1 EL Orangensaft
2 EL Sonnenblumenöl
Salz, Pfeffer
Chili aus der Mühle
scharfes Paprikapulver

Pro Portion: 70 kcal, 6 g F, 2 g KH, 0 g B, 1 g E

1 Minzeblättchen von den Stängeln zupfen und sehr fein hacken. Die Limette mit den Handballen auf der Arbeitsfläche kräftig rollen und den Saft auspressen. Den Joghurt in eine Schüssel geben und mit einer Gabel aufrühren.

2 Alle Zutaten zum Joghurt geben und gut miteinander vermischen. Die Schärfe dabei nach Wunsch mit Chili und Paprikapulver dosieren.

Passt zu: Salaten mit einer etwas stärkeren Bitternote, zum Beispiel Radicchio. Tipp: Orangenstücke zugeben!

TOMATEN UND CHILI

Für 4 Portionen:
2 vollreife Tomaten
1 EL Chilisoße
1 EL Essig
1 EL Olivenöl
Salz, Pfeffer

Pro Portion: 37 kcal, 3 g F, 3 g KH, 0 g B, 0 g E

1 Die Tomaten mit kochendem Wasser überbrühen, 1 Min. ziehen lassen, mit kaltem Wasser abschrecken und die Haut ablösen. Eine Tomate vierteln, Kerne entfernen, das Fruchtfleisch fein würfeln. Die andere Tomate grob zerkleinern und mit dem Stabmixer pürieren.

2 Das Püree mit Chilisoße, Essig und Öl abschmecken, mit Salz und Pfeffer würzen. Die Tomatenwürfel in die Soße geben.

Schmeckt mit: Gurken, aber auch mit Pflück- und Schnittsalaten. Lassen Sie sich überraschen von diesem etwas anderen Dressing.

ALLA ITALIANA

Für 4 Portionen:
1 Knoblauchzehe
2 Stängel Oregano
2 Stängel Basilikum
3 EL Rotweinessig
½ TL Zucker
1 TL körniger Senf
5 EL Olivenöl

Pro Portion: 120 kcal, 12 g F, 1 g KH, 0 g B, 0 g E

1 Den Knoblauch schälen und fein hacken. Die Blättchen von Oregano und Basilikum abzupfen und sehr fein hacken.
2 Im Rotweinessig den Zucker auflösen. Senf, Olivenöl sowie Knoblauch und Kräuter zugeben und alles richtig gut miteinander vermischen. Auch hier am besten ein Schraubglas verwenden und ordentlich schütteln.

Gute Partner: Dieses Dressing verwenden Sie für Salate wie Romana, Batavia, Lollo rosso. Oder auch mal für einen klassischen Kopfsalat – sehr lecker!

THE AMERICAN WAY

Für 4 Portionen:
30 g Tomatenketchup
30 g saure Sahne
30 g Mayonnaise
50 g Naturjoghurt
Salz, Pfeffer
½ TL Zucker
½ Bund Schnittlauch
3 Stängel Blattpetersilie

Pro Portion: 88 kcal, 7 g F, 4 g KH, 0 g B, 1 g E

1 Ketchup, saure Sahne, Mayonnaise und Joghurt verrühren. Mit Salz, Pfeffer und Zucker würzen. Kurz stehen lassen, damit sich Zucker und Salz auflösen, dann erneut durchrühren.
2 Den Schnittlauch in feine Röllchen schneiden. Die Petersilienblätter von den Stängeln zupfen und fein hacken, dann beide Kräuter unter die sämige Soße ziehen.

Anmerkung: Das ist nicht ausgesprochen geeignet für die Fitnessfraktion – aber leider richtig lecker.

ASIAN STYLE

Für 4 Portionen:
10 g Ingwer
2 EL Reisessig
6 EL Sesamöl
1 EL Sojasoße
1 TL Honig
2 Stängel Koriander

Pro Portion: 142 kcal, 15 g F, 1 g KH, 0 g B, 0 g E

1 Den Ingwer mit dem Löffel schälen und sehr, sehr fein hacken. Alternativ auch auf einer feinen Raffel reiben.
2 Reisessig mit Sesamöl und Sojasoße verrühren. Mit Honig abschmecken, bei Bedarf auch mehr als die angegebene Menge zufügen.
3 Koriander sehr fein hacken und unter das Dressing ziehen.

Gut zu wissen: Zusätzliches Salz ist hier nicht notwendig, da die Sojasoße salzig genug ist. Pfeffer hingegen können Sie ganz nach Gusto zugeben.

NUDELWASSER PLUS ÖL?

AUS ANGST VORM VERKLEBEN: Die Nudeln haben mit etwas Öl im Wasser gekocht, nun gießt man sie in ein Sieb ab und portioniert sie auf die Teller. Ordentlich Soße drauf und dann mal rein damit in den Mund. Zugegeben, so handhaben es viele – doch das macht es noch nicht richtig. Das Öl im Wasser sorgt dafür, dass die Nudeln von außen her verschlossen werden. Sie kleben zwar nicht aneinander, können aber auch keine Soße mehr aufnehmen. Öl und Nudeln ist allenfalls ein Nebenher, aber kein harmonisches Miteinander.

NUDELN PLUS SOSSE!

VIELE FLIEGEN MIT EINER KLAPPE: Wenn die Nudeln schön bissfest geworden sind, holt man sie idealerweise mit einer Nudelzange aus dem Wasser und gibt sie in die heiße Soße. Das verhindert einerseits, dass die Pasta aneinanderklebt und sorgt andererseits dafür, dass Pasta und Soße sich gut verbinden. Eine kleine Kelle Nudelwasser mit seiner ausgekochten Stärke in die Soße geben, ist auch gut, macht diese noch sämiger. Ach ja: Durch das sofortige Mischen von Pasta und Soße braucht man auch weniger Soße.

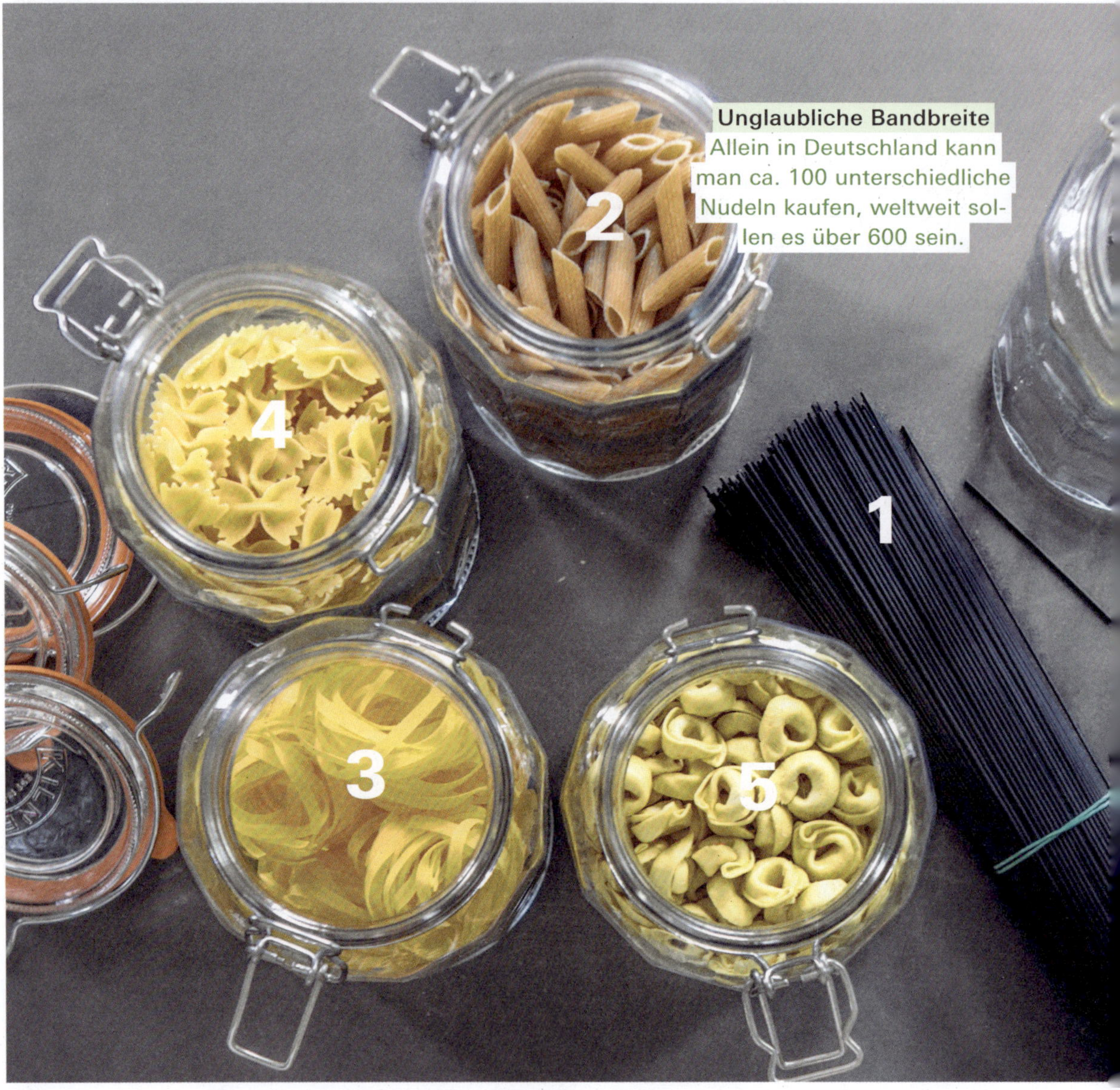

Unglaubliche Bandbreite
Allein in Deutschland kann man ca. 100 unterschiedliche Nudeln kaufen, weltweit sollen es über 600 sein.

KLEINES NUDEL-KNOW-HOW

Nudeln sind aus unserem Leben nicht wegzudenken. Pastagerichte sind fix gemacht und machen nachweislich glücklich. Die Forschung ist sich inzwischen einig, dass die Nudel an sich wohl aus dem antiken China stammt und dort schon vor 4000 Jahren produziert wurde.

Gefühlt sind Italiener für uns freilich die Pastaweltmeister. Grundsätzlich unterscheidet man zwischen der „Pasta secca", nur mit Hartweizengrieß und Wasser gemacht, und der „Pasta fresca", bei der Weichweizenmehl und Eier die Basis bilden. Pasta secca ist, wenn es um industriell gefertigte Nudeln geht, deutlich führend, während selbst gemachte, eben frische Nudeln in der Regel Eiernudeln sind. Des Weiteren gibt es eine Unterscheidung in lange und in kurze Nudeln. Zu den langen zählen Spaghetti, Bandnudeln, Makkaroni und andere Röhrennudeln. Beispiele für kurze Pasta sind Penne, Spiralen, Öhrchen oder Hörnchen.

Jedes Jahr, so besagt es ein ungeschriebenes Gesetz in Italien, soll eine neue Pastaform erfunden werden – mit der passenden Soße, versteht sich. Dazu zählen dann auch gefärbte Sorten, denn die Italiener lieben solche Experimente! Mit Sepiatinte, Roter Bete, Spinat, Lachs, roter Peperoni oder Brennnesseln …

Ernährungsphysiologisch sind Vollkornnudeln aus Buchweizen, Dinkel, Hirse, Grünkern oder Roggenschrot deutlich besser für den Körper, denn sie liefern viel mehr Ballaststoffe, Mineralien und Vitamine. Es gibt auch Nudeln aus Hülsenfrüchten wie Kichererbsen und roten Linsen.

Welche Nudeln bevorzugen welche Soßen?

1 **Spaghetti** schmecken am besten mit leichten, nicht so dickflüssigen Soßen ohne größere Stücke darin.

2 **Penne** sind mit Spiralnudeln die erste Wahl für Nudelsalate und durch ihre meist geriffelte Form ideal für cremige Gemüsesoßen. Und sie halten Öl gut.

3 **Tagliatelle** werden in Italien am liebsten mit Ragù gegessen, also der Hackfleischsoße, die wir als Bolognese bezeichnen.

4 **Farfalle** mit Tomatensoße sind bei Kindern beliebt. Die Schmetterlingsform zieht!

5 **Tortellini** gehen einen anderen Weg: Hier genügen etwas Butter, Parmesan und ein paar Blätter Salbei oder Basilikum.

QUELLEN LASSEN

DIESE TECHNIK FOLGT EINEM GANZ EINFACHEN PRINZIP: Ein Lebensmittel, in Wasser eingelegt, fängt irgendwann an, sich damit vollzusaugen. Gut so!

Bohnen und Kichererbsen

Bohnen und Kichererbsen müssen lange eingeweicht werden. Beim Kochen helfen Gewürze wie Anis, Lorbeer oder Majoran, am Schluss zugegeben, Blähungen zu reduzieren.

Teig

Quellen bedeutet hier, den Teig, beispielsweise für Knödel oder Pfannkuchen, eine Zeit lang stehen zu lassen. Nach dem Ruhen hat er seine Konsistenz verbessert.

Linsen

Gibt es vielerlei. Tellerlinsen müssen lange quellen, die kleineren Berg-, Puy- oder Belugalinsen nach Belieben kurz, rote und gelbe Linsen gar nicht.

Bulgur

Ist ein Weizenschrot, den man entweder über Nacht in kaltem Wasser aufquellen lässt oder nur 5 Minuten gart.

UM ESSBAR ZU SEIN, bedarf es bei diversen Grundzutaten einer gewissen Vorbereitung. Dazu gehören Hülsenfrüchte, die in rohem Zustand Lektine und Lysine enthalten und Vergiftungserscheinungen wie Übelkeit, Magenschmerzen, Erbrechen oder sogar den Tod hervorrufen können. Das Quellen muss in reichlich Wasser erfolgen, denn man sollte vermeiden, dass das Lebensmittel „trocken liegt", das heißt bereits alle Flüssigkeit aufgesogen hat und sich in einem unguten Zwischenstadium befindet. Für jede Hülsenfrucht gelten etwas andere Einweich- oder Zubereitungszeiten. Die Angabe „über Nacht", die man in vielen Rezepten und Packungsangaben findet, umfasst üblicherweise eine Spanne von 12 bis zu 24 Stunden. Das Einweichwasser muss am Ende definitiv weggeschüttet und die Hülsenfrüchte gründlich abgespült werden. Schädigende Inhaltsstoffe würden sonst mitgekocht werden – ein äußerst unerwünschter Effekt.

RISOTTO RATZFATZ?

DIE VIELEN TODESARTEN EINES RISOTTOS: Falschen Reis verwendet. Nicht angebraten. Mit kalter Brühe abgelöscht. In einem Rutsch die ganze Brühe zugegeben. Nicht gerührt. Zu heiße Temperatur eingestellt. Zu niedrige Temperatur eingestellt. Reis totgekocht. Keine Butter oder keinen Käse untergezogen. Und, und, und … Wenn Sie all diese Methoden penibel verfolgen, werden Ihre Gäste nie wieder ein Risotto essen wollen. Zumindest nicht bei Ihnen. Doch eigentlich geht's ganz leicht – schauen Sie mal auf die rechte Seite …

RISOTTO MIT GEDULD!

KÖSTLICH GEHT AUF DIESE ART: Richtigen Risottoreis nehmen. Vorher anbraten bringt Geschmack. Heiße Brühe spart Zeit. Erst Brühe aufsaugen lassen, dann eine Kelle nachlegen. Mittlere Hitze. Stets gut rühren. Noch bissfest garen. Butter und Parmesan bringen Schmelz.

20 Minuten braucht ein Risotto im Schnitt. Dann hat es noch guten Biss.

Es gibt **drei** Sorten, die für Risotto hauptsächlich verwendet werden: Arborio, Carnaroli und Vialone. Meist in Italien angebaut.

SCHRITT FÜR SCHRITT ZUM PERFEKTEN REIS

1. Reis abmessen. Pro Person sind in aller Regel 75 Gramm trocken abgewogener Reis völlig ausreichend. Mehr als 100 Gramm brauchen Sie definitiv nicht.

2. Reis waschen. Am besten in handwarmem Wasser. Damit spülen Sie die Stärke von den Reiskörnern ab, die sonst den Reis verklebt. Wiederholen Sie das, bis das Wasser klar ist.

3. Reis in den Topf. Es sollte in jedem Fall ein Topf mit passendem Deckel sein. Dickwandige, schwere Töpfe sind anzuraten, sie halten die Hitze länger.

4. Wasser zugeben. Beachten Sie die Packungsangabe, die Menge variiert nach Sorte. Faustregel: doppelt so viel Wasser wie Reis oder ein Fingerglied hoch Wasser überm Reis.

5. Reis würzen. Vorsichtig Salz zugeben und umrühren. Bisschen Wasser kosten, ob noch Salz fehlt. Auch Beigaben wie Ingwer, Zitronengras oder Limettenblätter geben Geschmack.

6. Reis aufkochen. Den Herd auf recht starke Hitze stellen und das Wasser zum Kochen bringen, bis es sprudelt. 1 Minute offen kochen lassen. Einmal kräftig durchrühren.

7. Deckel auflegen. Den Herd nun auf kleinstmögliche Flamme schalten. Der Reis zieht jetzt nur noch durch und gart langsam weiter durch die Eigenhitze im Topf.

8. Reis servieren. Besonders edel sieht es aus, wenn Sie den Reis zunächst in kleine Förmchen oder Tassen füllen und ihn dann vorsichtig auf den Teller stürzen.

SCHRITT FÜR SCHRITT GEMÜSE BLANCHIEREN

1. Gemüse putzen. Die zu verwendenden Gemüsesorten waschen, putzen und in kleine Stücke, Scheiben oder Röschen teilen. Klein heißt in jedem Fall mundgerecht.

2. Wasser aufsetzen. In einem nicht zu kleinen, aber auch nicht exorbitant großen Topf Wasser aufsetzen und zum Kochen bringen. Auf 1 Liter Wasser ca. ½ Teelöffel Salz zugeben.

3. Gemüse blanchieren. Das Gemüse ins Wasser geben und ca. 2 Minuten wallend garen lassen. Es sollte bissfest sein, aber schon Zeichen des Garens erkennen lassen.

4. Farblich ordnen. Möchten Sie verschiedene Gemüsesorten blanchieren, beginnen Sie mit dem blassesten. Farbintensive Gemüse wie Brokkoli können das Wasser zu sehr färben.

5. Eiswasser vorbereiten. Halten Sie eine Schüssel bereit, in die Sie eiskaltes Wasser füllen, am besten sogar mit richtigen Eiswürfeln. Je kälter, desto besser die nun folgende Wirkung.

6. Gemüse abschrecken. Damit das Gemüse nicht weitergart, muss die Hitze raus. Durch das Eiswasser. Also rein damit und kurz stehen lassen. Ist das Gemüse kalt, das Wasser abgießen.

7. Gemüse trocken tupfen. Weil das Gemüse ja gleich in die Pfanne soll, wäre Wasser kontraproduktiv. Demzufolge trocknen Sie es mit Küchenpapier von allen Seiten ab.

8. In der Pfanne braten. Pfanne heiß werden lassen, Öl hinein und dann das Gemüse. Bei mittlerer bis starker Hitze anbraten. Dann ist es außen röstig und innen noch bissfest.

GETREIDEVARIATIONEN

EIN LEBEN OHNE GETREIDE IST FÜR VIELE UNVORSTELLBAR. Es ist eine sehr große Familie, die sich auf der ganzen Welt ausgebreitet hat. Dazu gehört mehr, als man denkt.

Weichweizen

Kommt in mehr als 10 000 Variationen auf der ganzen Welt vor und ist damit das wichtigste Getreide überhaupt.

Hartweizen

Enthält mehr Eiweiß als Weichweizen. In weiten Teilen Italiens wird er zur Herstellung getrockneter Pasta genutzt.

Roggen

Ist – zumindest in Europa – nach Weichweizen das bedeutendste Brotgetreide. Für kräftiges, eher dunkles Bauernbrot werden beide Sorten in einem bestimmten Verhältnis gemischt.

BEI GETREIDE schwenkt der Blick immer erst zu den klassischen Sorten wie Weizen, Dinkel, Gerste oder auch Hafer. Doch auch Reis und sogar Mais zählen dazu. Grütze, Grieß und Graupen sind ebenfalls Getreideprodukte. Bei den meisten Getreidesorten spielt neben dem Eiweiß die Stärke eine sehr große Rolle. Maisstärke beispielsweise ist ein guter Kleber für Pudding, Suppen und Soßen. Puffmais kennt man von Popcorn. Für die meisten Backrezepte greift man zu Hause zu Weichweizenprodukten wie dem ganz normalen Haushaltsmehl Type 405. Einen anderen Touch kann man durch die Verwendung etwas älterer, nicht mehr so geläufiger Sorten wie Emmer, Einkorn oder auch Buchweizen in die Küche bekommen. Oder man streut einmal Perlgraupen in die Suppe. Hafer hat von allen Getreiden den höchsten Fettgehalt, wird dadurch aber auch recht schnell ranzig. Zu Haferflocken kann er verarbeitet werden, da fällt das nicht ins Gewicht. Hirse und Quinoa sind Pseudogetreide, können aber durchaus mal den Couscous ersetzen.

ALKOHOL IM ESSEN

Um gleich mal mit einem Mythos aufzuräumen: Alkohol verdampft beim Kochen nie komplett. Es mag sein, dass bei einer über Stunden hinweg gekochten Rotweinreduktion nicht mehr viel nachzuweisen ist – dennoch sollte man bei trockenen Alkoholikern, Schwangeren und Kindern Vorsicht walten lassen. Es stimmt zwar, dass reiner Alkohol bei 78 °C siedet und Wasser erst bei 100 °C. Wenn man beide Stoffe allerdings mischt, was ja beim Kochen häufig geschieht, beeinflussen sie wechselseitig ihre Siedetemperatur. Der Alkohol verdampft also langsamer als gedacht.

1. Traditionelle Wurzeln

Der Geschmack eines Gerichts lässt sich mit einem Schuss Alkohol durchaus verbessern. Sehr viele traditionelle Gerichte beinhalten beispielsweise Wein – denken Sie nur an Coq au Vin, Boeuf Bourguignon oder ein Risotto (siehe Seite 148/149). Das wird, nachdem der Reis etwas angebraten wurde, mit Weißwein abgelöscht, der dann vom Reis aufgesogen wird, bevor der eigentliche Garprozess mit heißer Brühe beginnt. Probieren Sie es mal ohne und mal mit Wein. Der Unterschied wird Ihnen schnell klar sein.

2. Unterstützende Wirkung

Bei vielen Gerichten ist Alkohol das i-Tüpfelchen. Hier kann man mit ihm etwas Positives bewirken – bei all den teuflischen Eigenschaften, die er auch hat. Es kommt darauf an, den Genussfaktor im Essen ganzheitlich zu betrachten. Alkohol darf nicht vorschmecken, er soll lediglich pushen. Wenn Sie eine Süßspeise wie die berühmte Crêpe Suzette in der Pfanne mit Hochprozentigem flambieren, geht es darum, ihren Geschmack mit dem Aroma des verwendeten Destillats zu intensivieren. Und nicht darum, Alkohol an sich hinzuzufügen.

Angaben folgen: Steht bei einem Kuchenrezept „2 cl Rum (38 %)", dann bleiben Sie dabei. Als Ersatz 80-prozentigen Stroh-Rum zu nehmen, wäre wirklich kontraproduktiv.

3. Ideale Partner

Manche Kombinationen entstehen ja instinktiv und ohne großes Nachdenken. Zur Grillzeit legt man Nackensteaks in eine Marinade aus Bier, Zwiebeln und Kräutern ein. (Das kommt vermutlich daher, dass Mann einen triftigen Grund dafür brauchte, schon früh ein Bier aufzumachen – reine Vermutung!) Nein, im Ernst: Besonders Schweinefleisch eignet sich für Biermarinaden bestens. Man kennt das auch vom rustikalen bayerischen Schweinebraten, den man gerne mit Dunkelbiersoße schmort. Deren Bitterstoffe gehen mit dem Fleisch eine schöne Harmonie ein.

Ähnlich verhält es sich mit Rotwein und Rind oder Wild. Fleisch in einen Beutel mit Zip-Verschluss füllen, Rotwein, Lorbeer, Wacholder, ein paar Pfefferkörner und einen Schuss Öl zugeben, Luft herausdrücken und den Beutel zuziehen. Ein paar Tage im Kühlschrank vergessen, und schon hat man aromatisches, schön durchgezogenes Fleisch. Das Öl wirkt dabei übrigens als safterhaltendes Element, denn saure Flüssigkeiten wie Wein oder Essig trocknen das Fleisch mit der Zeit aus. Siehe auch Sauerbraten. Fisch hingegen fühlt sich in seiner leichten Art meist zu Weißwein hingezogen.

4. Weitere Einsatzmöglichkeiten

Während in privaten Küchen der Spritzer Wein das übliche Vorgehen darstellt, wollen ambitioniertere Köche eine breite Palette an Alkoholika zur Anwendung bringen. Einer Barbecuesoße auf Tomatenbasis kann man da schon mal einen ordentlichen Schuss Whiskey verpassen, das bringt eine leichte Schärfe, die sich gut mit der ansonsten fruchtigen Grundnote verbindet.

Zum Ablöschen von Angebratenem stehen mehrere Möglichkeiten zur Verfügung. Neben Wein wird auch gerne Portwein, Madeira oder Sherry für dunkles Fleisch verwendet. Alle drei sind „verstärkte" Weine, die oft auch einen süßlichen Akzent setzen.

Bei Fisch oder Huhn würde man eher mit Calvados, trockenem Martini, Cognac oder auch mal Cidre ablöschen. Das Gute am Ablöschen ist, dass mit der Flüssigkeit auch die Röststoffe gelöst werden – gemeinsam wird daraus dann eine herrliche Soßenbasis.

Soßen sind natürlich ein wichtiges Stichwort. Wenn man eine beim Braten entstandene Flüssigkeit oder eine Schmorsoße lange, lange reduziert, ist das Resultat am Ende eine Jus. Diesen Weg kann man mit Rotwein beschreiten, doch auch mit einem Likör oder einem fein dosierten Touch Whiskey.

Desserts mit Alkohol sind ein weites Feld. Das beginnt mit Rotweinbirnen, die, je nach Sorte, 1 bis 2 Stunden in nicht zu alkoholischem und nicht aus dem Holzfass stammendem Wein zusammen mit Aromen wie Sternanis und Zimtstange geköchelt werden. Vom Alkohol ist danach nur noch wenig zu merken. Anders verhält es sich bei einer Eierlikörcreme: Hier ist der Aggregatzustand ja unverändert, der Alkohol fließt in voller Stärke in die Creme. Beim Glühweingelee hingegen müssen Sie sich keine Sorgen machen, nach einem damit bestrichenen Brötchen wankend vom Frühstückstisch aufzustehen. Es sind viel mehr die Gewürze als der Wein, die Sie vom Glühwein noch wahrnehmen.

Der Duft von geröstetem Fleisch oder von Angebratenem weht durchs Haus, die Zischgeräusche klingen äußerst verlockend im Ohr – mit dem Braten wird das Kochen lautmalerisch. Da läuft einem das Wasser im Mund zusammen …

DAS BRATEN

DAS PRINZIP BRATEN

Braten meint eigentlich immer trockenes Garen bei entsprechender Hitze. Und es meint in erster Linie Fleisch. Nichts dagegen, Gemüse anzubraten – ganz im Gegenteil! Doch wenn wir hier schon bei einer grundsätzlichen Definition sind, so ist Fleisch ausschlaggebend. Nur bei ihm entsteht die sogenannte Maillard-Reaktion. Der französische Naturwissenschaftler Louis Camille Maillard hat 1913 das Auftreten von Verbindungen aus Eiweißen, Fetten und Zucker beschrieben, die zur gewünschten Färbung und zu den berühmten „Röstaromen" führen, die wir an Steaks und anderen Teilen so gerne mögen.
Beim Anbraten von Gemüse findet eher ein Karamellisierungsprozess statt, der mit dem der Maillard-Reaktion nichts zu tun hat.

Wer hat's erfunden?

Es handelt sich dabei um eine der ersten, wenn nicht gar die tatsächlich erste Garmethode, die von unseren Vorfahren benutzt oder erfunden wurde. Der große Vorteil: Man benötigt noch nicht einmal ein Gefäß, in dem gegart wird – wie uns das Grillen demonstriert, das wiederum eine Form des Bratens ist. Man muss nur in der Lage sein, direkte Hitze in Verbindung mit dem Bratgut so im Griff zu haben, dass nichts verkohlt.

Moderne Erkenntnisse

Heute setzen wir das in unseren Küchen, abgesehen vom Grillen, meist in einer Pfanne oder, bei größeren Fleischstücken, in einem Bräter um. Ein Steak braten wir in der Pfanne von beiden Seiten an und lassen es schön braun werden. Inzwischen weiß man sehr viel über chemische Reaktionen, weshalb davon abgeraten wird, ein Steak vor dem Braten zu salzen. In einer osmotischen Wirkung würde das Salz nämlich in das Gewebe des Fleisches eindringen und dafür sorgen, dass Wasser austritt. Aus dem gleichen Grund sollte gefrorenes Fleisch zunächst komplett aufgetaut und dann trocken getupft werden. Ein ordentliches Anbraten wäre durch den ansonsten viel zu hohen Flüssigkeitsgehalt in der Pfanne nicht mehr möglich. Also erst nach dem Anbraten salzen – und auch erst dann pfeffern. Wäre der Pfeffer schon von Beginn an am Fleisch, würde er bei der starken Temperatur verbrennen und bitter werden.

Das richtige Vorgehen

Natürlich nützt das beste Steak nichts, wenn es außen schön kross angebraten, innen jedoch noch völlig roh ist. Viele Menschen trauen sich daher zu Hause auch gar nicht an ein kurz gebratenes Stück Rindfleisch heran. Den optimalen Gargrad zu erwischen, ist allerdings gar nicht so schwer. Genauer gesagt, gibt es kleine Tricks.

TIPP 1: Temperatur beachten

Schalten Sie den Herd nicht gleich auf volle Pulle. Die Platte soll heiß sein, das ja – aber immer nur so, dass Sie das, was Sie tun, kontrollieren können. Geht Ihr Herd bis zu Stufe 10, nehmen Sie zu Beginn Stufe 8. Erst das Fett in die Pfanne geben, heiß werden lassen, dann das Steak dazu. Je nach Dicke von einer Seite 2 bis 3 Minuten braten, ohne es dabei zu rütteln, zu schieben oder anderswie zu bewegen. Umdrehen und das Gleiche noch mal. Dann schalten Sie die Hitze deutlich herunter, vielleicht auf Stufe 4, und lassen es fertig garen.

TIPP 2: Den Gargrad erkennen

Hier kommen Ihre Hände ins Spiel. Tippen Sie mit dem Zeige- oder Mittelfinger oben auf das Fleisch. Lässt es sich leicht eindrücken, ist es noch zu roh. Spüren Sie, wie Ihr Finger durch einen Widerstand zurückfedert, ist es medium und damit vermutlich so, wie Sie es gerne haben möchten. Können Sie mit dem Finger kaum noch eine Delle ins Fleisch drücken, ist es durchgebraten. Der englische Begriff „well-done" trifft dabei nicht wirklich den Kern der Sache, denn für die meisten Steakfreunde ist ein durchgebratenes Stück Fleisch keineswegs „gut gemacht".

Trick: Roh fühlt sich an wie im Gesicht auf das entspannte Kinn oder an die Wange getippt, medium wie das Federn von der Nasenspitze.

Bratvariationen

Eine feine Sache ist das Rückwärtsbraten. Hier bringen Sie Ihr Steak zunächst bei indirekter Hitze im Backofen oder in einem Grill mit Deckel auf die gewünschte Kerntemperatur und braten es dann erst für das Röstaroma an. Hat neben der klasse zu steuernden Temperatur die durchaus positive Nebenwirkung frischer, gerade eben erst erzielter Röstaromen.

Bei großen Fleischstücken funktioniert die am Steak beschriebene Vorgehensweise nicht ganz so simpel. Bei einem Rinderbraten zum Beispiel stimmt sie zwar noch, was das Anbraten an sich betrifft – doch dann kommt Flüssigkeit in Form von Brühe, Fond oder Wein hinzu. Ab jetzt heißt das dann nicht mehr Braten, sondern Schmoren.

Justus lag falsch

Der deutsche Professor Justus Freiherr von Liebig war ein hervorragender Chemiker. Und doch lag er mit seiner These, durch das Anbraten würden sich die Poren des Fleisches schließen, falsch. Warum? Fleisch hat gar keine Poren. Nur Haut hat welche.

VORPROGRAMMIERTES DESASTER: Wenn man in die kalte Pfanne kaltes Öl gibt, die Zutaten zeitgleich hineinlegt und den Herd anschaltet, passiert zunächst: sichtbar nichts. Und hörbar nichts. Kein Brutzeln, kein Zischen, keine Spritzer. Was man nicht sehen kann: Das Gargut nimmt das Öl in sich auf und speichert es. Es kommt auch nicht mehr raus, wenn die Pfanne und das restliche Öl endlich heiß genug sind. Ergebnis: lasche Bratkartoffeln zum Beispiel. Auch beschichtete Pfannen sind ungeeignet, wenn's knusprig werden soll.

KNUSPRIG!

DER RICHTIGE ABLAUF: Erst die Pfanne heiß werden lassen. Kleiner Test, ob sie heiß genug ist: einfach ein paar Spritzer Wasser hineingeben. Die Tropfen „tanzen" in der Pfanne. Dann das Öl hineingeben, welches sofort heiß wird und bereit ist für das Gargut. Es folgen Kartoffeln, Fleisch oder Gemüse. Das heiße Öl umschließt das Gargut, ohne einzudringen – es wird außen knusprig und bleibt innen zart. Das gelingt übrigens nur in Pfannen aus Edelstahl und Gusseisen. Wichtig: Das Öl nicht zu heiß werden lassen, sonst verbrennt es.

ALLESKÖNNER OLIVENÖL?

EIN „FAST-ALLES-KÖNNER": Der Verbrauch an Olivenöl in den Mittelmeerländern ist immens. Es wird im Grunde für alles genommen, was in der Küche zubereitet wird. Kommt in den Salat, zum Gemüse, über Tomate mit Mozzarella und, und, und ... Das schmeckt! Natürlich gibt es verschiedene Qualitäten, wobei die beste meist mit „extra vergine" bezeichnet wird. Diese Öle haben, je nach Herkunft, einen milden, fruchtigen, frischen bis bitteren Geschmack. Sie sind vor allem in der kalten und warmen Küche gut einsetzbar. Bei heiß wird's kritisch.

SOLANGE ES NICHT RAUCHT!

TAUGT NIX, WENN´S HEISS WIRD. Gegen das Frittieren mit Olivenöl spricht einiges: 1. Frittieren findet bei Temperaturen ab 220 °C statt. Da ist das Olivenöl längst verbrannt. 2. Dabei werden gesundheitsgefährdende Stoffe freigesetzt. 3. Vor allem das, was Olivenöle hochwertig und interessant macht – zum Beispiel ihre Bitterstoffe –, verstärkt sich unangenehm. Das Frittiergut wird sehr bitter. 4. Die Verwendung guter Öle geht ganz schön ins Geld! Bei Kosten von mehr als 20 Euro pro Flasche bittere Pommes produzieren? Keine Option!

ÖLE UND FETTE

Eine bunte Vielfalt an Ölen tummelt sich in den Regalen. Neben den gebräuchlichen Typen sind das beispielsweise Traubenkernöl, Walnussöl und Kürbiskernöl. Nicht alle können das Gleiche. Manche Öle sind besser in der kalten Küche aufgehoben (Distelöl, Leinöl), andere haben einen starken Eigengeschmack (Walnussöl) und eignen sich für Salate, Pestos und Dips. Wieder andere vertragen keine echte Hitze. Vorsicht bei Light-Produkten, die gibt es seltsamerweise auch bei Ölen. Sie sind mit Wasser gemischt und mit Emulgatoren versetzt, damit die Verbindung auch hält. Verwenden Sie lieber immer die Originale! Das gilt auch bei Butter. Werden Sie hellhörig bei Begriffen wie „streichzart" oder „streichfein". Das sind Kunstprodukte.

Olivenöl

Der Star. Olivenöl gilt bei uns als das Nonplusultra der Öle. Es ist sehr teuer, da die Oliven für entsprechende Qualitäten nur bedingt maschinell geerntet werden können. Zudem gilt die Faustregel „1 Baum = 1 Liter Öl". Die besten Öle sind nicht erhitzt, sondern kalt gepresst. Ihr Rauchpunkt variiert von 130 °C bis 180 °C, was richtig scharfes Braten nicht mehr erlaubt. Es gibt allerdings inzwischen auch „Olio di Oliva Cucina", raffiniert, gefiltert und eher neutral im Geschmack. Kostet viel und bringt wenige Vorzüge des eigentlichen Olivenöls mit.

Preisfrage: Billige Olivenöle sind meist dubioser Herkunft. Das Etikett verrät leider nicht alles.

Rapsöl

Das Praktische. Der Anblick von großen, strahlend gelben Rapsfeldern ist ein Synonym für den Sommer. Das daraus gewonnene Öl ist inzwischen unglaublich beliebt in der Küche, weil es flexibel einsetzbar ist. Das „normale", kalt gepresste Rapsöl ist zum Anbraten ideal, die raffinierte Variante kann sogar zum Frittieren genutzt werden. Rapsöle unterschiedlicher Hersteller schmecken nicht immer gleich. Manche sind neutral, andere haben einen leichten Eigengeschmack. Einfach ausprobieren.

Ur-Zweck: Früher wurde Rapsöl ausschließlich zur Verwendung im technischen Bereich hergestellt, beispielsweise als Schmiermittel.

Sonnenblumenöl

Das Normale. Es gibt wohl keinen Haushalt, in dem sich keine Flasche Sonnenblumenöl findet. Einer seiner größten Vorteile ist die Neutralität: Es erfüllt seinen Zweck, ohne sich in den Vordergrund zu spielen. Da es einen sehr hohen Rauchpunkt besitzt, ist es in der Küche universell einsetzbar, also auch zum Frittieren. Weltweit spielt nur Palmöl eine wirtschaftlich noch wichtigere Rolle. Top-Produkte sind High-Oleic-Sonnenblumenöle, sie haben besonders gute Brateigenschaften.

Lagerung: Sonnenblumenöl gehört an einen dunklen Ort und sollte vor zu großer Wärme geschützt werden. Es wird ansonsten zu schnell ranzig.

Butter

Das Original. Wird meistens aus dem Rahm von Kuhmilch hergestellt. Früher sagte man „Streichfett" dazu. Butter ist in der Küche für vielerlei Zwecke einsetzbar. Beim Backen ist sie unerlässlich, auch fürs Ausreiben von Formen für Aufläufe etc. gibt es nichts Besseres. Selbst beim Braten brauchen Sie nicht gänzlich auf sie zu verzichten, nur weil sie rasch verbrennt. Lassen Sie zum Öl etwas Butter in die Pfanne fließen, das bringt mehr Geschmack.

Nussbutter: In manchen Rezepten ist von Nussbutter oder brauner Butter die Rede. Das ist hellbraun aufgeschäumte Butter, die durch ein feines Sieb oder Tuch passiert wurde.

Butterschmalz

Der Zwitter. Quasi das Beste von Butter und Öl in einem Produkt vereint. Butterschmalz ist geklärte Butter, das heißt Wasser, Milcheiweiß und Milchzucker wurden durch Erhitzen vom reinen Fett getrennt. Der Schmalz kann richtig heiß gemacht werden, bringt aber dennoch den guten Buttergeschmack mit. In Indien nennt man dieses Produkt Ghee – liegt auch hierzulande im Trend.

Selber machen: Die eigene Herstellung von Butterschmalz ist völlig unproblematisch. Ein paar Päckchen Butter in einem Topf langsam schmelzen lassen. Die Trubstoffe sinken nach unten, obenauf schwimmt der klare Schmalz und kann abgeschöpft werden.

MAGER?

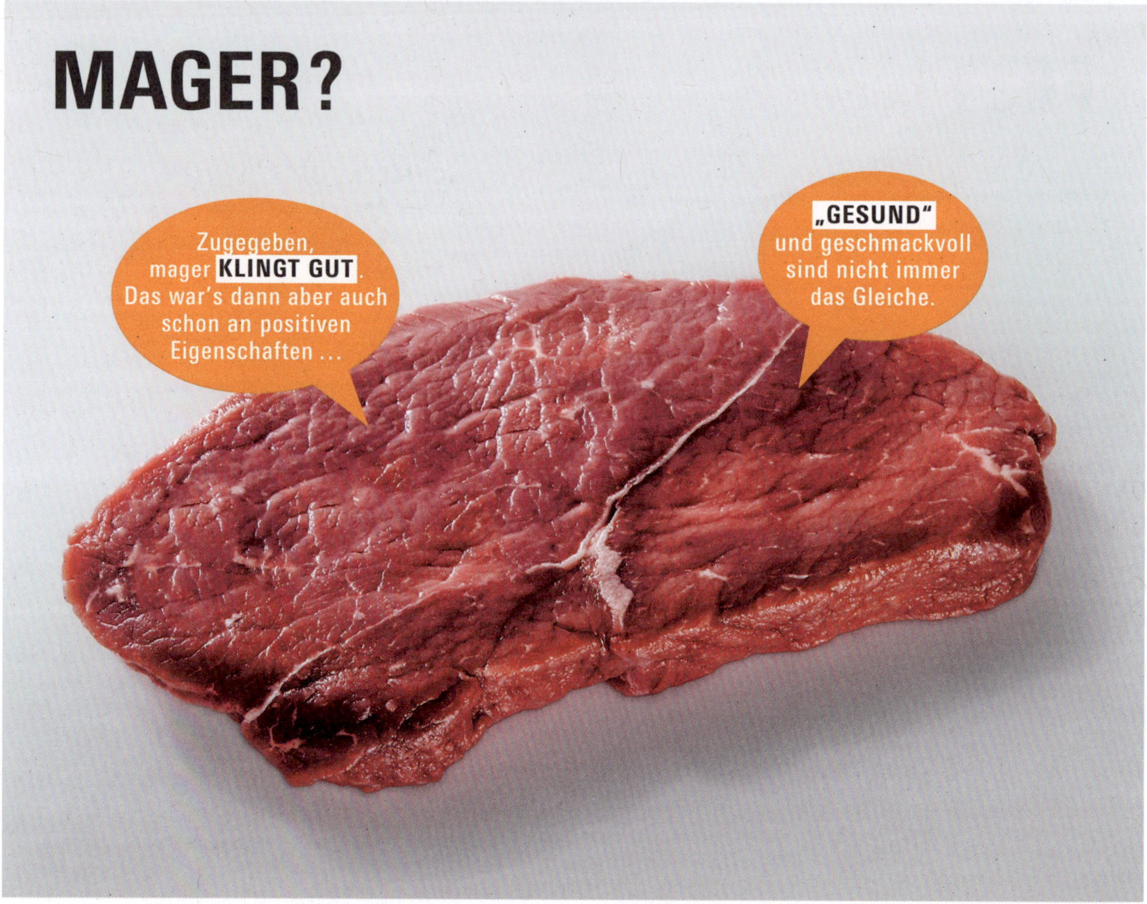

ES WURDE UNS EINGETRICHTERT, und zwar über Jahrzehnte, dass Fett ungesund sei und uns dick mache. Das ist inzwischen widerlegt. Es kann sogar sein, dass der Körper durch eine zu sparsam ausgelegte Zufuhr von Lebensmitteln eine Unterversorgung an wichtigen Fetten erfährt, das gilt allerdings – zugegeben – vor allem für hochwertige pflanzliche Fette aus Nüssen und Ölen. Mageres Fleisch hat vor allem einen Nachteil: Es ist Muskelfleisch und bringt einen nur eher neutralen Eigengeschmack mit. Genuss sieht anders aus!

FETT!

NEUE ERKENNTNISSE LAUTEN: Fett ist weitaus besser als sein Ruf. Ein gutes Stück Rindfleisch weist eine sichtbare Marmorierung auf, das sorgt später für Saftigkeit und einen guten Geschmack. Was sich beim Braten, Grillen, ja sogar Kochen an weiteren Aromen ergibt, kommt über das Fett, auch über den Fettrand, beispielsweise beim Rumpsteak. Das heißt noch lange nicht, dass es am Ende mitgegessen werden muss. Wegschneiden geht auch. Ein Zuviel an Fett ist selbstverständlich nicht anzuraten, ein Verzicht darauf aber ebenso wenig.

Weniger, aber besser
So könnte eine vernünftige Vorgehensweise beim eigenen Fleischkonsum lauten. Gutes Fleisch hat seinen Preis. Gute Tierhaltung nämlich auch.

WAS IST GUTES FLEISCH?

Das ist inzwischen nicht mehr nur eine Frage des Geschmacks, sondern auch eine der Ethik im Sinne des Tierwohls. Mit einer Massentierhaltung erzielen wir im industriellen, wirtschaftlichen Sinne gute Ergebnisse, doch nicht in der Qualität. Jeder hat es selbst in der Hand, das Bessere zu kaufen.

Was sind die Probleme? Es ist für uns Verbraucher nicht immer leicht zu erkennen, was sich hinter dem Stück Fleisch in der Auslage verbirgt. Dazu kommt, dass zahlreiche Metzgereien unter dem Druck der dominanten Supermärkte und Discounter aufgeben müssen, auch weil sie oft keine Nachfolger mehr finden. Die direkte Kommunikation zwischen Metzger und Kunde reduziert sich stark.

Worauf achten? Dennoch gibt es diverse Möglichkeiten, schon beim Einkauf Qualitäten zu erkennen. Beim **Rind** gibt bereits die Marmorierung darüber Aufschluss: Sie sollte das Fleisch fein durchziehen, nicht grob. Rindfleisch sollte eine matte Oberfläche haben und dabei nie trocken oder schleimig erscheinen. Die Farbe soll kräftig wirken, die Konsistenz elastisch. War das Fleisch vakuumiert, kann sich ein etwas seltsamer Geruch entwickeln, der an der Luft wieder vergeht. Doch weder süßlich noch säuerlich sollte er sein. Bei **Schweinefleisch** gelten ähnliche Kriterien, nur sollte die Farbe hier nicht zu hell sein – das spräche für enge Stallhaltung und kein wirklich gutes Futter. Schwein sollte nach spätestens 8 bis 10 Tagen Reifung verbraucht sein. Es gewinnt mit der Zeit nicht, im Gegensatz zu Rind und auch Lamm.

Es ist vorteilhafter, sich an die Fleischtheke zu stellen, anstatt nur abgepackte Ware zu kaufen. Dann kann man auch über solche Aspekte mit dem Verkaufspersonal ins Gespräch kommen:

1 **Haltung:** Tiere aus Weidehaltung haben aromatisches Fleisch und freien Auslauf. Betrifft vor allem Rinder, aber auch Schweine.

2 **Fütterung:** Hängt stark mit der Haltung zusammen. Bio ist nicht immer, aber überwiegend besser in der Qualität.

3 **Herkunft:** Kurze Wege sind zu bevorzugen. Das unterstützt regionale Erzeuger und stresst das Tier weniger.

4 **Reifung:** Der Standard bei Rind und Lamm ist der Vakuumbeutel. Trockenreifung („Dry Aged") ist besser, aber auch teurer.

WELCHES FLEISCH WIE GAREN?

Fleisch wird immer gebraten oder gegrillt? Da gibt es weitaus mehr Möglichkeiten, die wir uns hier kurz mal ansehen.

1. Kurzbraten

Das Fleisch wird am Stück oder in Streifen geschnitten in der Pfanne oder im Wok angebraten. Braucht gute Rundum-Hitze und ist recht schnell fertig. Typisch für Schnitzel, Geschnetzeltes oder Asia-Hühnerpfanne. Auch das Steak gehört hier noch rein.

2. Kochen und Pochieren

Früher DIE Methode überhaupt, denn es erlaubt bei längerer Garzeit viel Geschmack – und das Zartwerden von langfaserigen, stärker beanspruchten Fleischteilen wie der Keule. Tafelspitz, Suppenfleisch und Beinscheiben sind Beispiele. Confieren, das Garen in Fett, ist die edle Variante.

3. Dämpfen

Einst verlacht, weiß man heute, dass das Dämpfen, richtig angewendet, Fleisch sehr saftig hält. Nicht nur bei Huhn oder Kalb gelingt das hervorragend.

4. Sous-vide-Garen

Fleisch im Plastikbeutel? Lange undenkbar, heute nicht nur in der Gastronomie der absolute Renner. Dazu braucht es inzwischen nicht mal mehr teure Spezialgeräte. Und das Ergebnis wird perfekt. Bietet sich fürs Vorgaren von Steaks an, auch für Schweinelende und Hirschfilet.

5. Schmoren und Braten

Der absolute Klassiker für größere Fleischstücke oder solche, die einfach länger brauchen. Benötigt eine Bratform mit gut schließendem Deckel und geht sowohl im Backofen als auch auf dem Herd. Aufgerufen werden unter anderem Rouladen, Lammkeule, Sauerbraten oder Kalbsbäckchen.

6. Grillen

Die Sonne geht auf für alles, was man sonst brät oder kurzbrät: Steaks, Würstchen, Lammhüften ... Bei Grills mit Deckel hat man die Kombination von Grill und Backofen. Gasgrills sind zu bevorzugen, hier können Sie die Hitze besser regulieren als bei Holzkohle. Und es schmeckt gleich.

HITLISTE

WIE STELLT MAN ES AN, dass das Fleischgericht möglichst saftig bleibt und dabei kross und nicht hart wird? Eine kleine Auswahl:

Rinderbraten

Wird geschmort, am besten im Backofen bei 80 °C. Locker auch mal 8 bis 10 Stunden.

Schweinekrustenbraten

Bei 100 °C 3 Stunden in den Ofen, plus 45 Minuten bei 180 °C für die krachende Kruste.

Lammkoteletts

Gelingen auf dem Grill am besten. Sie brauchen nur 2 Minuten von jeder Seite.

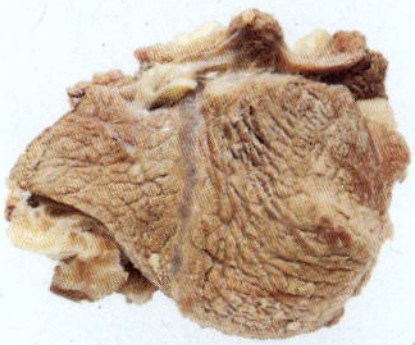

Siedfleisch

Der Name sagt es schon: Es wird geköchelt. Langsam und bei mäßiger Temperatur.

Putengeschnetzeltes

Klarer Fall fürs Pfannenbraten. Unter ständigem Rühren. Geht dafür schnell.

Entenbrust

Haut rautenförmig einschneiden, ohne Fett auf der Haut garen. Im Ofen nachgaren.

Wiener Schnitzel

Schnitzel muss schwimmen! Also viel Fett nehmen und in der Pfanne ausbraten.

Kalbsfilet

In Folie dämpfen bis zu einer Kerntemperatur von 48 °C. Nach Belieben noch anbraten.

Steak

Scharf anbraten, dann nachgaren lassen. Oder erst garen, dann anbraten.

SCHRITT FÜR SCHRITT ZUM HOMEMADE BURGER-PATTY

1. Fleisch vorbereiten. Das Fleisch, egal ob Rind, Lamm oder Wild, im Kühlschrank gut durchkühlen. Dient der Hygiene, denn bei gewolftem Fleisch ist die Oberfläche sehr groß.

2. Durch den Wolf drehen. Das Fleisch in Streifen schneiden und durch die mittlere Scheibe des Wolfs laufen lassen. Bei sehnigem Fleisch mit der großen Scheibe beginnen.

3. Fleisch würzen. Hier steht die ganze Bandbreite offen. Für Rind vielleicht nur Salz und Pfeffer, für Lamm mit Pistazien, für Wild auch mit Preiselbeeren, Ingwer oder frischem Koriander.

4 Fleisch vermengen. Die Masse muss mit den Händen richtig gut und homogen vermischt werden, damit sich die Gewürze gut verteilen. Rasch arbeiten, damit die Masse kühl bleibt.

5. Testpatty machen. Gerne roh probieren, doch erst gebraten zeigt sich der spätere Geschmack. Also eine kleine Kugel formen, platt drücken und in der Pfanne braten.

6. Würze nachjustieren. Während des Bratens das restliche Hack im Kühlschrank parken. Erst jetzt wieder herausholen und die fehlende Würze anbringen.

7. Patties formen. Die Patties nun final formen. Das kann mit der Hand geschehen (in den Händen rollen und platt drücken) oder auch sehr gleichmäßig mit speziellen Burgerpressen.

8. Patty garen. Jetzt steht dem Burger aus eigener Herstellung nichts mehr im Weg. Pfanne erhitzen, Fett reingeben und den Patty langsam braten. Oder natürlich grillen. Aber nicht zu heiß.

VIELKÖNNER MIKROWELLE

Der Mikrowelle haftet ja schon irgendwie ein dubioses Image an. Wer eine habe, könne nicht kochen, so heißt es oft. Man werde fett durch Essen aus der Mikrowelle. Und sie setze Strahlen aus, die uns krank macht, ja sogar Krebs auslösen könnten. Also eine Art Mini-Atomkraftwerk in der Küche?

Aufräumen mit Vorurteilen

Zugegeben, manch moderne Küchenerrungenschaft technischer Art lässt einen eher ratlos zurück nach dem Motto „Brauche ich das wirklich?". Dass sich aber Vorurteile und Ängste gegenüber einem Gerät so hartnäckig halten, ist erstaunlich. Immerhin steht laut Statistischem Bundesamt (Stand 2011) in 74 Prozent aller deutschen Haushalte ein Mikrowellenherd. Und dennoch hält das Wissen darüber damit nicht Schritt.

1. Was kann die Mikrowelle?

Moderne Mikrowellengeräte können auftauen, aufwärmen, garen, gratinieren oder sogar grillen. Und man kann, logisch, Popcorn machen. All das tun sie in einer gehörigen Geschwindigkeit, was in unserer hyperaktiv-schnellen Zeit vielmals von Vorteil sein kann. Lästiges langsames Erwärmen entfällt, ebenso verkürzt sich die Wartezeit beim Auftauen.

Die besten Kombigeräte ersetzen zu Hause mitunter den Backofen – wenn man mit dem geringeren Garraumvolumen leben kann. Dabei unterscheiden sich die Geräte im Einzelnen erheblich. Manche machen beim Backen eine schöne braune Kruste, bei anderen hat man das Gefühl, die darin erhitzten Speisen werden nicht durchgehend warm bzw. heiß. Das liegt oft daran, dass Mikrowellen nur wenige Zentimeter tief in die Speisen eindringen.

Tipp: Erhitzte Speisen herausnehmen und abgedeckt etwas stehen lassen. Es braucht auch etwas Zeit, bis die Hitze von außen nach innen durchdringt.

2. Wie arbeitet die Mikrowelle?

Moleküle in Lebensmitteln – besonders die wasserhaltigen – verhalten sich wie winzig kleine Elektromagneten. Das ist vergleichbar mit einem Kompass, der am Magnetfeld der Erde ausgerichtet nach Norden zeigt. Mikrowellen sorgen mit einem elektromagnetischen Feld dafür, dass eben dieses Feld pro Sekunde Milliarden Male die Richtung wechselt. Die Moleküle sind derart aktiv und verwirrt, dem nachzukommen, dass sie mit anderen Molekülen zusammenstoßen und durch diese Bewegung Hitze erzeugen.

Dieser Prozess darf nicht mit Reibungswärme verwechselt werden. Und was ist der Unterschied zum Vorgehen im Backofen? In einem herkömmlichen Backofen wird zunächst der Garraum aufgeheizt, bis er auf Betriebstemperatur ist. Diese Hitze geht dann auf das Gargut über. Der Mikrowellenherd hingegen heizt ausschließlich die Speisen. Was nicht bedeutet, dass die Gefäße nicht warm oder gar heiß werden können – sie werden durch ihren Inhalt erhitzt.

3. Ist das gefährlich für uns?

Im Normalfall nicht, denn im Umlauf sind zumeist neue oder jedenfalls keine antiquierten Geräte. Ist ein Mikrowellenherd durch Stürze etc. stark beschädigt, sodass sich die Tür kaum noch schließen lässt, wäre es in der Tat möglich, dass Mikrowellen austreten. Im Alltag kommt das nicht vor, denn der Mechanismus schaltet sich bei Türöffnung oder nicht korrekter Schließung sofort ab.

Aber da ist doch oft eine Glastür vorne! Stimmt, doch diese ist mit einer perforierten Metallfolie beschichtet. Blick rein ja, Wellen raus nein. Und: Wellen heißt nicht gleich Strahlung. Mit „radioaktiv" hat das alles nichts zu tun.

Dennoch wird angeraten, dass Kinder und Schwangere sich bei Gerätebetrieb nicht direkt vor dem Herd aufhalten sollten. Warum diese Vorsichtsmaßnahme? Man weiß offenbar noch nicht alles über Wellen und möchte auch die kleinsten Gefahren ausschließen.

4. Wie benutzt man Mikrowellen?

Die allgemeine Annahme, Gegenstände aus Metall sollen prinzipiell nicht in die Mikrowelle, ist nicht ganz richtig. Allerdings erhitzen sich Metallanteile an Gefäßen oder Besteck so stark, dass die Lebensmittel verkohlen würden. Andererseits sind Mikrowellenfunktionen heute auch in regulären Backöfen verbaut – bei denen sind die Metalleinschübe und -roste entsprechend legiert.

Auf der sicheren Seite sind Sie immer, wenn Sie bei Convenience-Food die Aluabdeckung entfernen und die Speisen ggf. in ein Behältnis aus Glas oder Keramik umfüllen. Kunststoff geht prinzipiell auch, doch können sich manche dieser Materialien verformen oder auch Stoffe wie Weichmacher abgeben.

Noch ein paar Hacks zur Verwendung der Mikrowelle:

- Eier werden weich gekocht, wenn man sie ansticht, in Wasser legt und 90 Sekunden in die Mikrowelle stellt.
- Zitronen kann man vor dem Pressen 10 Sekunden in die Mikrowelle legen – sie geben dann mehr Saft.
- Knoblauchknolle horizontal durchschneiden und 20 Sekunden in die Mikrowelle legen – und die Zehen fallen wie von selbst aus den Häuten.

Pfannen und Bräter
Können, wenn das Material stimmt, Anschaffungen fürs Leben sein. Eine pflegliche Behandlung vorausgesetzt.

PFANNEN-EINMALEINS

Es heißt oft in Rezepten: „... und in die heiße Pfanne legen." So richtig das ist, muss auch gesagt werden, dass es „die" Pfanne nicht gibt, sondern eine ganze Reihe völlig unterschiedlicher Vertreter dieser Art.

Welche Pfanne wofür? Die Kaufentscheidung kann von mehreren Faktoren abhängen. Welche Hitzequelle hat Ihr Herd? Bei Induktion fällt Aluguss schon mal weg, Kupfer meist auch. Sind Sie jemand, der gerne Fleisch mit Röstaroma mag? Dann führt an Eisen oder Gusseisen kein Weg vorbei. Andererseits haben beschichtete Pfannen ihre Vorteile, weil sie pflegeleicht und „narrensicher" sind. Mit jeweils einer von beiden sind Sie auf dem richtigen Weg. Und wählen Sie lieber größere als kleine Pfannen – Gargut braucht Platz.

1 **Beschichtete Pfannen:** In ihnen bäckt nichts an, was sie für viele pfannengerührte Gerichte ideal macht.

2 **Eisenpfannen:** Die erste Wahl für Steaks und alles, was kross werden soll. Danach nur auswischen und niemals Spülmittel drangeben. Gilt natürlich auch für Gusseisen. Brauchen Zeit, um perfekt zu werden.

3 **Emaillepfannen:** Der Zwitter aus beschichtet und Eisen. Sehr robust und belastbar, auch bei großer Hitze.

4 **Kupferpfannen:** Sehen schön aus, sind aber sehr pflegeintensiv und in den seltensten Fällen auf Induktion zu gebrauchen.

5 **Grillpfannen:** haben eine geriffelte Oberflächenstruktur und sind für Steaks gar nicht so übel. Geben ein gutes „Branding" ab.

6 **Sautépfannen:** Ähneln beschichteten Pfannen, sind meist aber hochgezogener und größer. Es gibt sie aus diversen Materialien. Aus Eisen oder Guss sind sie auch zum scharfen Anbraten top, aus Aluguss eignen sie sich nur zum Erhitzen.

7 **Bräter:** Je schwerer, desto besser, denn dann kann man darin bestens sowohl braten als auch schmoren. Das Zauberwort heißt auch hier Gusseisen.

8 **Bratplatten:** Sind bei uns nicht so verbreitet wie in anderen Ländern, doch sie haben den Vorteil, auf dem Herd und auch auf dem Grill verwendet werden zu können. Sie sind klasse zum Anbraten von Fleisch, Fisch oder Gemüse.

TROCKEN UND ZÄH?

ZU SCHNELL UND ZU HEISS. Das sind die beiden Hauptgründe, warum Geflügel oft ausgetrocknet und zäh erscheint. Man schiebt es bei 200 °C in den Ofen, manchmal ist die Temperatur sogar noch höher. Es sieht außen zwar schön knusprig aus, doch das zarte Fleisch hat der starken Hitze nichts entgegenzusetzen und trocknet aus. Vor allem ungefüllt entschwindet bei ganzen Hühnern oder Truthähnen sämtliche Feuchtigkeit aus dem Fleisch, es zieht sich zusammen und hängt letztlich faserig zwischen den Zähnen.

SAFTIG UND KROSS!

SANFT IST BESSER. Man darf sich beim Garen ruhig etwas mehr Zeit lassen. Stecken Sie einem Huhn beispielsweise eine mehrfach angestochene Zitrone oder Limette in den Bauch, das versorgt den Vogel mit Saft von innen heraus. Und gehen Sie mit der Temperatur des Ofens die ersten 70 Minuten nicht höher als 150 °C. Erst für die letzten 15 Minuten erhöhen Sie auf 200 °C, dann bekommen Sie eine schöne Kruste, während das Fleisch im Innern noch richtig zart geblieben ist. Macht mehr Spaß so und schmeckt besser!

SCHRITT FÜR SCHRITT RICHTIG BRATEN

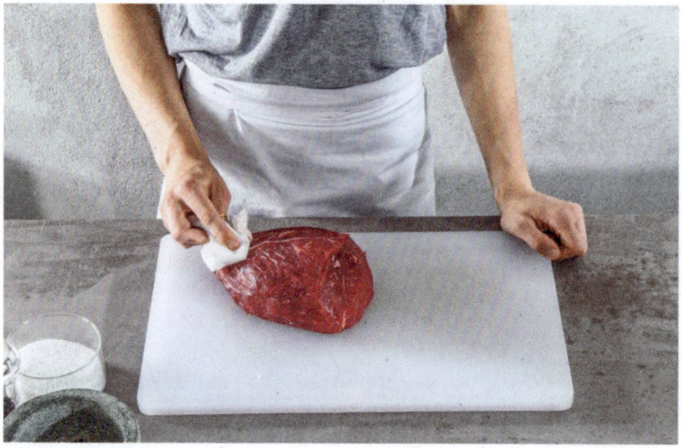

1. Fleisch vorbereiten. Das Fleisch von allen Seiten mit Küchenpapier gut trocken tupfen. Ist es zu feucht, brät es nicht. Rundherum mit Salz und Pfeffer würzen.

2. Bräter vorbereiten. Einen möglichst schweren Schmortopf (mit Deckel) auf dem Herd erhitzen. Erst wenn der Topfboden heiß ist, das Öl oder Fett zugeben.

3. Fleisch anbraten. Das Fleisch bei mittlerer bis kräftiger Hitze von allen Seiten kräftig anbraten, damit die Röstaromen entstehen können. Es sollte jedoch nicht schwarz werden.

4. Gemüse anbraten. Das Fleisch herausnehmen, beiseitestellen und jetzt das (Wurzel-) Gemüse im verbleibenden Fett anbraten. Es sollte ebenfalls Röstaromen annehmen dürfen.

5. Gemüse ablöschen. Das Gemüse nach 4 bis 5 Minuten mit 100 Milliliter Wein oder Brühe ablöschen, damit sich die Röststoffe vom Boden des Bräters lösen und in die Soße übergehen.

6. Flüssigkeit angießen. Jetzt kommt auch das Fleisch wieder in den Topf. Weitere Flüssigkeit (zum Beispiel Rotwein) angießen. Sie sollte den Braten etwa zur Hälfte bedecken.

7. Braten schmoren. Deckel auflegen und den Braten im Idealfall im Backofen bei 80 °C 8 bis 10 Stunden schmoren. Schnellversion: 2 bis 3 Stunden, je nach Fleischgröße, bei 180 °C.

8. Soße eindicken. Ist der Braten fertig, muss die Soße noch kräftig eingekocht, gewürzt und abgeschmeckt werden. Sie sollte leicht sämig sein. Im Zweifel helfen Butter oder Speisestärke.

PULVER EINRÜHREN?

DIE VERSUCHUNG IST GROSS, sich immer mehr an die kleinen Helferlein aus der Packung zu halten. Für eine Soße rasch mal etwas Stärkepulver in den Topf geben, um damit gleichzeitig Konsistenz und Farbe zu erzielen, ist weder verwerflich noch gesundheitsschädlich. In diesem Fall aber sind es eher strategische Gründe, warum man der Verlockung nur im Einzelfall nachgeben sollte: Wer immer nur den einfachen Weg geht, verlernt, wie es ist, etwas selbst zu machen. Und muss sich mit dem immer gleich schmeckenden Packungsinhalt zufriedengeben.

AROMA EINRÜHREN!

EIN SEHR BEFRIEDIGENDES ERGEBNIS entsteht, wenn Sie eine Soße selbst andicken. Da bieten sich verschiedene Möglichkeiten an: Sie können mitgeschmortes Gemüse untermixen, eine mehligkochende Kartoffel hineinreiben – oder sich eine klassische Mehlschwitze rühren. Dazu zerlassen Sie in einem kleinen Topf Butter, geben 1 bis 2 Esslöffel Mehl dazu und verbinden beides durch ständiges Rühren mit einem Schneebesen. Jetzt 1 bis 2 Schöpfkellen von der ursprünglichen Soße zugeben. Unter ständigem Rühren wird das Ergebnis schnell dick.

FRISCH?

DER ANBLICK EINES FRISCHEN FISCHES beim Einkauf ist eine einladende Sache. Alles gut, Fisch ist frisch? Wenn das direkt am Meer passiert, mit Sicherheit. Im Regelfall aber hat der Fisch einiges an Transportweg hinter sich und ist bereits einige Tage alt. Frische ist hier Definitionssache. Etwas anders gelagert ist der Fall, wenn Fische noch in einem Becken schwimmen. Doch selbst dann ist nicht gewährleistet, dass die Haltung im Becken dem entspricht, was dem natürlichen Umfeld des Fisches nahekommt.

TIEFGEFROREN!

ENTGEGEN DER ALLGEMEINEN MEINUNG ist gegen Tiefkühlware bei Fisch (und auch Gemüse) rein gar nichts einzuwenden, im Gegenteil: Der meiste Fisch wird heute bereits auf dem Schiff ausgenommen, teilweise verarbeitet und sogleich schockgefrostet. Ist die Kühlkette vom Schiff über den Transport zum Händler bis zu Ihnen nach Hause eingehalten, haben Sie mit Tiefkühlfisch ein richtig frisches Produkt in der Küche und Keime hatten nie eine Chance. Nun liegt es nur noch an Ihnen, etwas Schmackhaftes daraus zu zaubern.

WIE ERKENNT MAN FRISCHEN FISCH BEIM EINKAUF?

Das erste Kriterium für den Einkauf von Fisch lautet: Es darf im Laden oder an der Theke nicht nach Fisch riechen. Ein gewisser Hauch von Meer, das ja, aber nicht fischig. Das wäre ein Indiz für überlagerte Ware. Und vermutlich kommen Sie mit einem ganz bestimmten Wunsch zum Händler, wollen gezielt einen Fisch kaufen, weil Sie sich für den Abend etwas Besonderes vorgenommen haben. Auch hier ist es eine Einzelabwägung. Macht Ihr Zielobjekt eine schon etwas „gereifteren", also nicht mehr frischen Eindruck, ist es eine kluge Entscheidung, auf einen anderen Fisch umzuschwenken.

Die Frische-Kennzeichen

Es gibt ein paar Punkte, die es auch dem Laien leicht machen, den Grad der Frische zu erkennen. Diese sind:

1. Der Haut-Check

Die Haut eines Fisches sollte glänzen und auch noch Farbe mit ihren Schattierungen erkennen lassen. Druckstellen sollte es nicht geben, das würde eine fehlende Elastizität des Fleisches verraten. Natürlich sollte ein ganzer Fisch auch unbeschädigt sein und in seiner Beschuppung vollständig. Ganz wichtig ist der Belag der Haut: Ein klarer, wässriger Schleim ist durchaus okay, eine schmierige, trübe Konsistenz hingegen überhaupt nicht.

Tipp: Es gibt tatsächlich Seefische, die nach dem Fang ihre Schuppen größtenteils von selbst verlieren. Dazu gehören Makrele und Hering. In solchen Fällen ist das kein Makel.

2. Der Augen-Check

Die Augen des Fisches sollen klar sein, die Pupillen nach außen gewölbt. Sprich: Der Fisch soll den Eindruck machen, als wäre er „fast noch lebendig". Länger gelagerte Fische verlieren diesen Glanz in den Augen, sie werden trüb, milchig und schlierig. Der Fisch mag noch nicht streng riechen, doch geben die Augen untrüglich Aufschluss über den Frischezustand.

3. Der Kiemen-Check

Lassen Sie sich vom Händler die Kiemen aufgeklappt zeigen. Sind sie leuchtend rot, ist das tipptopp. Die Kiemenblätter klappen gut auseinander, es gibt keine Flecken und auch hier keinen Schleim. Eine andere Sache ist es, wenn die Kiemen blass, bräunlich oder generell zu dunkel sind.

4. Der Bauch-Check

Kaufen Sie den Fisch bereits ausgenommen, sehen Sie sich die Bauchhöhle an. Sie muss sauber sein, darf nicht riechen und auch keine Blutreste mehr aufweisen.

Sollten Sie sich selbst ans Ausnehmen wagen (was übrigens gar nicht so schwer ist), besehen Sie sich nach dem ersten Schnitt durch die Bauchdecke die Organe etwas genauer. Sind sie klar umrissen und konturiert getrennt? Können Sie die unterschiedlichen Farben der Organe deutlich erkennen? Glückwunsch! Schade wäre es, wenn Sie einen Einheitsbrei vor sich sehen. Das Auflösen der Organe geht bei Fischen recht schnell vonstatten, heißt aber: Sie sind nicht mehr frisch.

Wenn Sie schon dabei sind: Stecken Sie ruhig Ihre Nase in den Bauchraum oder hinter die Kiemen. Riecht immer noch nicht fischig? Dann machen Sie sich schon mal Gedanken über die beste Zubereitungsart.

Die Lagerung

Verarbeiten Sie Fisch möglichst an dem Tag, an dem Sie ihn gekauft haben. Vielleicht auch noch am darauffolgenden Tag, doch zögern Sie das Garen nicht unnötig weiter hinaus, denn frischer Fisch verliert mit jedem Tag Geschmack. Interessanterweise schmeckt fangfrischer Fisch nicht so gut wie solcher, der 10 bis 12 Stunden alt ist. Der Grund: Auch bei Fisch setzt nach dem Tod, also dem Fang, eine Totenstarre ein, die sich erst nach mehreren Stunden wieder löst. Danach beginnt der Abbau der Energiequelle, die hier ATP heißt (Adenosintriphosphat). Damit einher geht jedoch eine Ausbildung von Aromastoffen. Bei auf Eis gelagerten Fischen wirkt sich das besonders positiv aus – weswegen es in diesem Punkt aber nur scheinbar einen Widerspruch zur vorherigen Doppelseite gibt. Auf Eis gelagerter Fisch schmeckt wohl besser, doch die Frische ist bei bereits auf dem Schiff verarbeitetem und schockgefrorenem Fisch ausgeprägter.

Lagern Sie Fisch zu Hause immer in der kühlsten Zone des Kühlschranks. Packen Sie ihn in Folie oder einen Zip-Beutel ein und umgeben Sie ihn mit etwas zerstoßenem Eis.

Natürlich können Sie Fisch auch einfrieren, was bei ganzen Süßwasserfischen wie Forellen oder Felchen recht unproblematisch ist. Allerdings sollten Sie die Beutel oder Boxen dann immer gut beschriften, um ihn nicht zu überlagern.

Als Faustregel gilt, dass magere Fischarten sich bis zu sechs Monate im Gefrierfach halten, sehr fettreiche Fische sollten Sie hingegen nach spätestens zwei Monaten verarbeiten oder sagen wir besser: genießen.

FISCH GANZ LEICHT GEMACHT

SIE HABEN SICH BISLANG NICHT WIRKLICH AN FISCH HERANGEWAGT? Mit diesen Basistipps und -rezepten sollte das künftig kein Problem mehr darstellen.

Filets auf der Haut gebraten

Filets mit Pfeffer und Salz würzen, Hautseite mit Mehl bestäuben. Mit der Hautseite ins heiße Öl legen. 20 Sekunden mit einem Holzlöffel nach unten drücken. Wenn die Haut kross ist, umdrehen, 1 Min. weiterbraten.

Backfisch

Fisch als Ganzes oder in Stücke geschnitten mit Salz und Zitronensaft würzen. Panieren, also durch Mehl, Eigelb (mit etwas Sahne) und Semmelbrösel ziehen. Mit Butterschmalz ausbacken.

FISCH IM SALZMANTEL

Für 2 Portionen:
1 küchenfertige Lachsforelle (ca. 1,2 kg)
½ Bund Petersilie
½ Bund Thymian
3 kg Salz
2 Eiweiß
230 ml Wasser
50 g Butter

Pro Portion: 524 kcal, 30 g F, 0 g KH, 0 g B, 60 g E

1 Den Backofen auf 250 °C vorheizen. Den Fisch unter fließendem kaltem Wasser reinigen und trocken tupfen. Die Kräuter grob hacken und in den Bauchraum des Fisches füllen. Das Salz mit Eiweißen und Wasser mischen. Ein Drittel davon in eine große, ofenfeste Form streichen.
2 Den Fisch auf das Salzbett legen und mit dem restlichen Salzteig bedecken, dabei fest andrücken, sodass vom Fisch nichts mehr zu sehen ist. Im heißen Ofen ca. 30 Min. garen. Danach bei ausgeschaltetem Ofen und geöffneter Ofentür noch ein paar Min. ruhen lassen. Die Butter in einem kleinen Topf zerlassen.
3 Die Salzkruste mit einem kleinen Hammer oder der Rückseite eines großen Messers aufklopfen. Fischhaut abziehen, Fleisch portionieren. Mit der Butter beträufeln.

Tipp: Das geht auch wunderbar mit Doraden (Brassen). Als Rezept völlig simpel – aber es sieht spektakulär aus!

KABELJAU AUF GEMÜSEBETT

Für 4 Portionen:
800 g Kabeljaufilets
300 g Möhren
300 g Sellerie
300 g Fenchel
1 Knoblauchzehe
1 walnussgroßes Stück Ingwer
1 Bio-Zitrone
Salz, Pfeffer
100 ml Weißwein
2 EL Olivenöl

Pro Portion: 272 kcal, 7 g F, 8 g KH, 6 g B, 38 g E

1 Die Filets waschen und trocken tupfen. Die Gemüse putzen und in Stücke schneiden. Vom Fenchel das Grün hacken und beiseitestellen. Knoblauch und Ingwer schälen und sehr fein würfeln. Die Zitrone in Scheiben schneiden. Den Backofen auf 180 °C vorheizen.
2 Die Gemüse nacheinander in Salzwasser kurz blanchieren (siehe Seite 152/153) und abgeschreckt in eine Backform legen. Die Fischfilets mit Salz und Pfeffer würzen und darauf platzieren. Die Zitronenscheiben auf den Fisch legen. Mit Knoblauch und Ingwer bestreuen und den Wein angießen. Mit etwas Olivenöl beträufeln und ca. 20 Min. backen. Mit Fenchelgrün bestreut servieren.

Tipp: Von Januar bis März gibt es Skrei, den besonderen Kabeljau von den Lofoten. Statt Filet kann man grätenfreie Loins nehmen.

JA ZU MEERESFRÜCHTEN

Meeresfrüchte haben für uns Urlaubscharakter, sie verbinden Frische mit Leichtigkeit. Viel Leichtigkeit hingegen ist es nicht gerade, was selbst manch geübter Koch empfindet, wenn er oder sie Meeresfrüchte zubereiten möchte. Zu groß die Unsicherheit, wie man Dinge öffnet, vor- oder zubereitet. Und dann ist oft auch nicht ganz klar, welches Tier eigentlich unter welche Kategorie fällt. Dröseln wir das doch mal kurz auf:

Krustentiere sind alle Krebse, die einen mehr oder minder starren Panzer tragen. Dazu gehören Garnelen, Langusten, Hummer, Flusskrebse oder auch Krabben.

Schaltiere hingegen haben richtige Gehäuse: Das sind Muscheln (inklusive Austern) und Schnecken.

Kopffüßer sind da wesentlich weniger wehrhaft. Tintenfische (das sind Sepien und Kalmare) haben innen noch eine von einem ehemaligen Skelett herrührende Verhärtung, Schulp oder Fischbein genannt. Kraken (Oktopusse) haben weder innen noch außen eine Schale.

Unter sonstige Meeresfrüchte laufen dann noch Seeigel, Seegurken oder auch Schwertschwänze und Quallen, die bei uns freilich (bislang) in der Küche noch keine wesentliche Rolle spielen.

Der Umgang mit Garnelen dürfte noch die leichteste Übung sein. Die gibt es in unterschiedlichen Größen, wobei die genauen Bezeichnungen international gesetzlich nicht genau geregelt sind. Es finden sich allerlei Namen von Shrimp über Gambas, Gamberi oder Prawns. Langusten und Hummer hingegen kommen zu Hause eher selten auf den Tisch. Man kauft sie entweder gefroren oder noch lebendig. Getötet werden sie laut Gesetz in Deutschland, indem man sie kopfüber in sprudelnd kochendes Wasser gibt.

Etwas tricky zu öffnen sind Austern. Dafür braucht man ein kurzes, stabiles Austernmesser und ein Handtuch. Dieses legt man zum Schutz der haltenden Hand über die Auster. Das Messer wird vorsichtig in das „Scharnier" gestoßen und mehrfach wippend hin- und hergedreht, bis sich die Auster öffnet.

Bei Tintenfisch und Co. gibt es zwei Varianten des Garens: entweder ungefähr 1 Stunde lang köcheln oder nur sehr kurz anbraten bzw. angrillen. Alles dazwischen bekommt die Konsistenz von Kaugummi. Profi-Tipp: Oktopusse kocht man mit einem Weißweinkorken im Wasser. Der beinhaltet Enzyme, die den Kraken schön zart werden lassen.

HITLISTE

KEINE GEHEIMNISSE, sondern nur das Wissen um die richtige Technik entscheidet manchmal über Genuss oder Verdruss.

Miesmuscheln

Sollten vor dem Garen geschlossen sein – offene aussortieren. Danach umgekehrt.

Austern

Schmecken auch gegrillt hervorragend! Und öffnen sich dabei ganz von selbst.

Garnelen

Die Schale vor dem Braten nicht entfernen. Sie dient als Schutz vorm Austrocknen.

Hummer

Kann man auch gefroren kaufen, aber das ist in Geschmack und Konsistenz nicht vergleichbar.

Tintenfischtuben

Können mit Gemüse gefüllt und mit Zahnstocher verschlossen gegrillt werden.

Pulpo

Wird ganz zart, wenn man ihn ca. 1,5 Stunden leise köcheln lässt. Gerne mit Gemüse.

Langusten

Haben festeres Fleisch als Hummer, keine Scheren, dafür aber lange, dicke Antennen.

Krebsfleisch

Eine absolute Delikatesse für Cocktails oder Salate. Gibt's in Dosen oder tiefgefroren.

Surimi

Ist nur Blendwerk: Es besteht aus gemahlenem Fisch und wird geformt wie gewünscht.

SCHRITT FÜR SCHRITT ZUR LECKEREN FRITTATA

1. Gemüse vorbereiten. Gemüse nach Wahl (wir nehmen Zucchini, Paprika und Frühlingszwiebeln) putzen und in Würfel bzw. Ringe schneiden. Für 2 Personen 200 Gramm.

2. Eier vorbereiten. 5 Eier in eine Schüssel schlagen, mit Salz und Pfeffer würzen, nach Belieben gehackten Schnittlauch unterziehen und gut miteinander verquirlen.

3. Pfanne vorbereiten. Eine Pfanne auf dem Herd erhitzen und 2 Esslöffel Pflanzenöl zugeben. Frittata funktioniert am besten mit einer beschichteten Pfanne, da bäckt nichts an.

4. Gemüse anbraten. Gemüse in die Pfanne geben und unter gelegentlichem Rühren bei mittlerer Hitze in 4 bis 5 Minuten angaren. Muss gar nicht mal anrösten.

5. Gemüse würzen. Ganz nach Wunsch Salz, Pfeffer, vielleicht auch Paprika- oder Currypulver zum Gemüse geben. Um später cremiger zu werden, gerne etwas Ziegenfrischkäse.

6. Eier angießen. Den Herd auf schwache Hitze stellen. Die Eimasse angießen – schön gleichmäßig über das Gemüse verteilen. Kurzes Rütteln an der Pfanne hilft dabei.

7. Stocken lassen. Den Deckel auf die Pfanne legen und die Frittata in 6 bis 7 Minuten stocken lassen. Dabei den Deckel zwischendurch NICHT anheben zum Nachschauen. Einfach vertrauen.

8. Veredeln. Die Frittata aus der Pfanne auf ein Schneidbrett gleiten lassen, portionieren und mit weiteren Kräutern und geriebenem Parmesan abrunden.

FRITTATA-VARIATIONEN

WORAUS DIE FRITTATA LETZTLICH BESTEHT, ist völlig dem eigenen Geschmack überlassen. Das Grundprinzip ist ja nur, etwas mit Ei stocken zu lassen.

Das Stocken an sich
kann in der Pfanne erfolgen, aber auch im Backofen. Das wäre sogar die „sorgenfreie“ Variante, denn es kann nichts anbrennen. Außer, Sie vergessen Ihre Frittata …

Mal zum Frühstück?
Der Übergang Frittata/Omelett ist fließend. Insofern käme doch sonntags mal eine Lachsfrittata infrage, oder? Mit Limette und Koriander eine Wucht.

FRITTATA MIT GRÜNEM SPARGEL

Für 6 Portionen:
750 g grüner Spargel
100 g Salami
100 g Bergkäse
100 ml Sahne
6 Eier
Salz, Pfeffer
1 EL Mehl
2 EL Butter

Pro Portion: 311 kcal, 24 g F, 5 g KH, 1 g B, 16 g E

1 Spargel schälen (nur das untere Drittel) und in 3 cm lange Stücke schneiden. Salami in Streifen schneiden, Käse raspeln, Sahne schlagen. Eier verquirlen, mit Salz und Pfeffer würzen und Mehl und Sahne unterziehen. Backofen auf 180 °C vorheizen.
2 Butter in der Pfanne erhitzen und den Spargel darin in 4 bis 5 Min. anbraten. Salami und Bergkäse zugeben. Eiersahne darübergießen, vermischen und in eine feuerfeste, gebutterte Form geben. Im Ofen in 15 Min. stocken lassen.

KARTOFFEL-TORTILLA

Für 4 Portionen:
500 g Kartoffeln
200 g Zwiebeln
6 Frühlingszwiebeln
7 Eier
Salz, Pfeffer
3 EL Olivenöl

Pro Portion: 291 kcal, 16 g F, 21 g KH, 3 g B, 13 g E

1 Kartoffeln und Zwiebeln schälen und würfeln. Frühlingszwiebeln putzen und in Ringe schneiden. Alles in einer Schüssel vermengen. Eier in einer großen Schüssel verquirlen, würzen.
2 Das Öl in einer großen Pfanne erhitzen (oder zwei nehmen und je zwei Portionen machen). Kartoffeln und Zwiebeln darin bei schwacher Hitze langsam anbraten, bis sie gar sind. Am besten Deckel auflegen, aber mehrfach rühren.
3 Kartoffelmasse zum Ei geben, verrühren und zurück in die Pfanne geben. Deckel zu, stocken lassen.

Olé: **In Spanien serviert man die Tortilla teils in Würfel, teils in Scheiben geschnitten.**

ORIENT-KRÄUTERFRITTATA

Für 6 Portionen:
1 Bund Frühlingszwiebeln
2 EL Olivenöl
2 TL Kurkuma
100 g Blattpetersilie
100 g Koriander
30 g Dill
50 g Schnittlauch
4 Eier
2 EL gehackte Walnüsse
1 EL Mehl
2 EL Naturjoghurt
2 TL Backpulver
Salz, Pfeffer

Pro Portion: 160 kcal, 10 g F, 8 g KH, 3 g B, 7 g E

1 Backofen auf 180 °C vorheizen. Frühlingszwiebeln putzen, in Ringe schneiden und in Olivenöl sanft anbraten. Mit Kurkuma würzen und in einer Schüssel abkühlen lassen.
2 Kräuter hacken und mit den restlichen Zutaten zugeben, alles vermischen. Eine feuerfeste Form mit Backpapier auslegen, Masse einfüllen und in 40 bis 45 Min. im Ofen backen, bis die Masse gut gestockt ist.

Meze: **Zu dieser Frittata schmeckt Minzejoghurt.**

Natürlich: Wer gute Zutaten mit viel Eigengeschmack verwendet, hat am Ende weniger Arbeit damit, ein Gericht abzuschmecken. Doch Nachkontrollieren ist dennoch keine schlechte Idee. Und weil das Auge ja bekanntlich mitisst, soll der Teller auch möglichst effektvoll angerichtet sein.

ABSCHMECKEN UND ANRICHTEN

DAS GEHEIMNIS DES ABSCHMECKENS

Die Aufforderung in vielen Rezepten, am Ende ein Gericht nochmals abzuschmecken, ist, wenn man drüber nachdenkt, schon ein wenig seltsam, oder? Warum hat man nicht im Lauf des Kochens schon ordentlich gewürzt? Und warum kann man ein Rezept nicht gleich so schreiben, dass ein stimmiges Resultat herauskommt?

Die Fallstricke des Würzens

So einfach ist es nicht. Denn auch wenn Zutaten- und Mengenangaben in Rezepten meist sehr konkret gehalten sind, so verhalten sich genau diese Zutaten und Mengen nie genau gleich. Wenn „2 Möhren" angegeben sind – wie groß sind diese? Bei „2 Tomaten" natürlich das Gleiche, aber noch gepaart mit der extremen Varianz je nach Jahreszeit: Tomaten im Sommer und Tomaten im Winter sind geschmacklich überhaupt nicht miteinander zu vergleichen.

Beim Würzen ist es nicht anders. Wenn Sie einen Kartoffelsalat machen und ihn sofort probieren, mögen Sie sagen, dass alles passt. Probieren Sie ihn 20 Minuten später noch einmal, müssen Sie feststellen, dass Salz fehlt. Kartoffeln saugen das auf wie nix. Andere Gewürze wie Paprika oder Curry sind vielleicht schon etwas abgestanden, ihr Aroma und ihre „Durchschlagskraft" sind ein wenig verpufft. Demzufolge sind Rezepte immer nur die Basis, auf der Sie selbstständig aufbauen müssen – und auch entscheiden können, welcher finale Dreh Ihnen selbst am besten gefällt.

Mut zum Wumms

Wenn Sie abschmecken, trauen Sie sich ruhig was zu. Seien Sie mutig, auch mal zu experimentieren. Dosiert, vielleicht erst mal mit einer kleineren Menge, aber selbstbewusst. Vorsicht ist hauptsächlich geboten bei zwei Dingen: Salz und Schärfe, da lässt man sich schon mal hinreißen, es zu übertreiben.

Generell werden unsere Geschmackswahrnehmungen in die Richtungen süß, sauer, bitter und salzig unterschieden, wobei auch noch umami als fünfter Geschmack hinzugekommen ist (siehe Seite 57). Aber auch Fett und Wasser können wir darunter verbuchen. Dass wir zu bitter würzen, ist selten, denn bitter ist schon von Natur aus ein Warnstoff für Gift. Zu sauer kann vorkommen, wird aber teilweise auch als frisch wahrgenommen. Zu süß wird oft als klebrig empfunden. Und selbst bei umami ist die Abstimmung wichtig, denn wenn etwas zu sehr vorschmeckt, es zu intensiv wirkt, verliert es seine Balance.

Tipp: Ein wenig Essig oder Zitronensaft kann beim Abschmecken einer Cremesuppe Wunder wirken.

Die Details machen es

Abschmecken heißt auch, mit den Gewürzen zu experimentieren. Beispiel Paprika: Es gibt hier, ganz grob gesprochen, den milden Rosenpaprika und den schärferen ungarischen Paprika. Beide haben den gleichen Basisgeschmack, können ein Gericht allerdings in völlig unterschiedliche Richtungen führen. Das gilt natürlich auch für den geräucherten Paprika oder einen marokkanischen, dem etwas Öl beigemischt ist.

Nicht anders ist es bei Currypulver, das stets eine Mischung aus vielerlei Einzelgewürzen ist. Das gibt es in ganz verschiedenen Ausprägungen, Intensitäten, Schärfen und auch Farben.

Vertrauen Sie zunächst Ihrer Zunge, haben Sie aber im Hinterkopf, für wen Sie kochen. Sind Kinder dabei, die auf Schärfe vielleicht anders reagieren als ein Erwachsener? Wird ein Gewürz abgepuffert durch ein anderes Element im Gericht, zum Beispiel durch eine joghurt- oder sahnehaltige Soße? Dann wird sich ein natürlicher Ausgleich ergeben.

Schmecken Sie nicht bis zur Schmerzgrenze ab. Wenn Sie sich nicht hundertprozentig sicher sind, ob da jetzt noch etwas von diesem oder jenem dazu sollte, lassen Sie es lieber weg. Die Gefahr des Überwürzens ist zu groß.

Das Ziel lautet Harmonie

In asiatischen Ländern, speziell in Thailand und China, achtet man sehr auf ein harmonisches Zusammenspiel der Gewürze im Essen. Eine Thai-Suppe kann gleichzeitig süß, sauer, salzig und scharf sein – weil es genau so gewollt ist. Alle Elemente vereint.

Ernährungsphysiologisch ist das Prinzip richtig, denn so werden gleichzeitig unterschiedliche Rezeptoren im Körper angesprochen, wenn es um Verdauung und Stoffwechsel geht.

Der letzte Schliff

In Restaurantküchen nennt man es „den Pass“. Das ist der Platz, auf den aus der Küche die fertig angerichteten Teller gestellt werden, bevor sie vom Service zum Gast kommen. Hier steht meist der Küchenchef und wirft einen letzten prüfenden Blick darauf. Auf die Küche zu Hause und auf den Geschmack gemünzt, wäre das der Zeitpunkt, bevor Sie Ihre Familie oder die Freunde an den Tisch rufen. Das ist die letzte Chance für Sie zu checken, ob noch etwas fehlt. Nur jetzt nicht aus Übermut noch alles versauen.

„GESCHMACKSVERSTÄRKER“

DIESES WORT IST DERART NEGATIV BESETZT. Dabei ist es ja ein durchaus positiver Gedanke, dass es Dinge gibt, die bestimmte Geschmäcker hervorheben.

Sardellenfilets in Öl

Haben Sie Sardellen schon mal auf einer Pizza probiert? Geschmacklich genial! Ist nicht jedermanns Sache, aber viele lieben es.

Parmesan

Der Umami-Knaller schlechthin. Hat den höchsten Glutamatanteil aller natürlichen Lebensmittel. Vermutlich durch die lange Reifung.

Getrocknete Tomaten

Ähnlicher Effekt wie bei Pilzen Generell: Alles, was gereift, reduziert oder getrocknet ist, schmeckt intensiver als die frische Zutat.

Blauschimmelkäse

Roquefort ist der Leader, Stilton kommt gleich danach, Gorgonzola ist auch nicht zu verachten. Machen in Verbindung mit Pasta glücklich.

WIR DENKEN ALLE beim Wort Geschmacksverstärker unweigerlich erst einmal an Industrie, an Betrug, an künstliche Aromen. Und es ist ja auch so: Vielen Speisen werden Mononatriumglutamat oder Extrakte (zum Beispiel Hefeextrakt) zugesetzt, um fehlendem oder zu geringem Eigengeschmack auf die Sprünge zu helfen. Dabei fällt unter den Tisch, dass es ganz viele Zutaten gibt, die viel natürliches Glutamat enthalten. Glutamat ist eine Aminosäure, die als Geschmacksträger fungiert. Sie triggert den fünften Geschmackssinn „Umami". Der Begriff kommt aus dem Japanischen und bedeutet „herzhafte Köstlichkeit". Umamireiche Zutaten geben diesen Extrakick, der uns „Mmh!" brummen lässt, wenn wir etwas ganz besonders schmackhaft finden. Das können ein paar Späne gereiften Käses auf der Pasta ebenso sein wie ein Schuss Sojasoße im Eintopf oder Shiitake-Brühe im Risotto. Mit dem in Pulverform zugesetzten Glutamat beim Asia-Wok-Imbiss hat das nichts zu tun. Jedenfalls nicht im Sinne von Genuss.

MEHR ALS SALZ & PFEFFER

ES GIBT WEITAUS MEHR MÖGLICHKEITEN BEIM ABSCHMECKEN. Salz und Pfeffer sind gut und wichtig, decken aber nur ein sehr begrenztes Feld ab. Was geht noch?

Zitrusschalen

Abrieb oder gehackte Zesten von Zitrone, Limette und Orange bringen richtig Kick. Bei gedämpftem Gemüse, aber auch bei Lamm oder Wild.

Essig

Eine unterschätzte Wunderwaffe. Nur muss es eben ein guter Essig sein. Weinessig bevorzugt. Toll bei allen cremigen Gerichten, wo man händeringend noch nach etwas Pfiff sucht. Essigessenz hingegen is nichts für die Küche …

PERFEKT!

Ausgepresste Zitronenschalen können zur späteren Verwendung eingefroren werden. Sie lassen sich dann easy abreiben.

Kapern

Verströmen diesen eigentümlichen, nicht genau definierbaren, irgendwie salzigen und doch so herrlichen Flair. Damit peppen Sie jede Tomatensoße auf.

Zucker

„Wo Essig, da auch Zucker“ lautet ein Spruch der Generation Oma. Und es stimmt: Zucker kann viel leisten für die geschmackliche Harmonie. Und muss nicht mal süß machen.

Algen

Werden bei uns nicht verbreitet eingesetzt, sind aber inzwischen in vielen Supermärkten zu haben. Enormer Umami-Gehalt. Zerreiben Sie mal Nori-Algen und geben Sie sie in die Soße!

PFEFFER ZUERST?

PFEFFER MAG KEINE HITZE. Bei einer Soße fällt es vielleicht nicht gleich auf, doch wenn beim scharfen Anbraten oder Angrillen von Fleisch oder Gemüse sofort gepfeffert wird, kommen unweigerlich Bittertöne zum Vorschein. Besonders bei schwarzem Pfeffer.

Mit einem Anteil von fast **22 %** hat Pfeffer bei den importierten Gewürzen die Nase vorn, gefolgt von Paprika und Ingwer.

340 g Pfeffer verzehrt jeder Deutsche pro Kopf und Jahr. Ganz schön viel!

PFEFFER ZUM SCHLUSS!

DIE VOLLE POWER NUTZEN. Seine beste Wirkung entfaltet Pfeffer, wenn er nur kurz Kontakt mit den Speisen hat. Dann kommt auch sein Inhaltsstoff Piperin zu seinem vollen Einsatz: Durch seine Schärfe regt es den Stoffwechsel an und soll beim „Ausschwitzen" von Giftstoffen und Krankheiten helfen. Auch andere Effekte sind nützlich – so soll Pfeffer antibakteriell gegen Blähungen, Sodbrennen und Magen-Darm-Krämpfe wirken. Sogar gegen leichte Kopfschmerzen helfe Pfeffer, heißt es. Aber eben nur, wenn er frisch eingesetzt wird.

HILFE BEI AROMATISCHEN KRISEN

Da hat man ein tolles Gericht gezaubert, nimmt noch kurz vorm Servieren einen Probelöffel – Schockschwerenot, da ist aber irgendetwas gründlich schiefgegangen! Das kann der besten Köchin und dem besten Koch passieren. Aber keine Bange, oft findet sich noch ein Weg, die Kurve zu bekommen. Alte Hausmittel, die schon die Oma kannte, sind auch heute noch gültig. Man muss kein Chemiker sein, um die Missgeschicke und möglichen Lösungen erklären zu können. Der beliebteste Fehlgriff: Salz und Zucker verwechseln. Füllen Sie daher beides in ganz unterschiedliche Gefäße und schreiben Sie ein „S" und ein „Z" auf die Deckel. Hilft. Mit Sicherheit.

Zu salzig

Verliebt? Auch wenn dem nicht so ist, hat man beim Salz schnell mal zu viel erwischt. Dagegen hilft im Fall von Soßen die Zugabe von mehr Flüssigkeit. Das kann Wasser sein, aber auch etwas Sahne oder Schmand. Das Einlegen einer geschälten rohen Kartoffel wirkt sehr gut, weil sie Salz magisch anzieht. Zur Vergrößerung der Oberfläche die Kartoffel in Stücke schneiden und am Ende wieder entfernen. Brot kann man auf die gleiche Weise einsetzen. Oder einen Löffel Honig in die versalzene Salatsoße geben, dabei aber gut aufpassen wegen der Süße.

Suppe: Ist die Suppe zu salzig geworden, etwas Eiweiß einlaufen lassen.

Zu sauer

Auskochen. In diesem Fall hilft es tatsächlich, ein Gericht etwas länger köcheln zu lassen, denn die Säure verschwindet über Verdampfung zusehends. Leider werden dadurch besonders Gemüse weicher, als man sie sich gewünscht hatte. Beschleunigen kann man den Prozess durch Zugabe eines alten, aber etwas in Vergessenheit geratenen Hausmittels: Natron (Kaisernatron), auf Englisch auch „baking soda" genannt. Ein kleiner Löffel davon in der Soße schäumt erst mal ziemlich auf, fährt aber den sauren Geschmack ruck, zuck herunter.

Salatdressing: Zu viel Essig ins Dressing gelangt? Dann mit einer Prise Zucker nachjustieren.

Zu scharf

Fetten. Capsaicin, der Wirkstoff, der Dinge scharf macht, ist nicht wasserlöslich, weswegen einfaches Verlängern hier nicht hilfreich ist. Die Zugabe von fettreichen Stoffen allerdings schon. Milch, Sahne, Joghurt oder Schmand fallen einem da als Erstes ein. Manchmal ist aber auch eine „süße Säure" die Rettung, etwa in Form von Orangensaft, der wiederum eine interessante Geschmacksnuance ins Spiel bringt. Ebenfalls hilfreich ist, püriertes Gemüse unterzumengen, das puffert die Schärfe durch seine bloße Konsistenz gut ab.

Trick 17: Bei gehaltvollen Soßen oben Fett abschöpfen, darin ist Schärfe gebunden.

Zu süß

Verlängern. Meist kommt es bei Nachspeisen und Backwaren vor, dass einem mit dem Zucker oder anderen süßen Inhaltsstoffen wie reifem Obst die Hand etwas ausgerutscht ist. Da hilft es, beispielsweise bei Teigen, diese zu „verlängern", also alle anderen Zutaten zu verdoppeln. Sie können beispielsweise die Hälfte des Teigs entnehmen und einfrieren und dann mit zuckerfreien Zutaten wieder auf die ursprüngliche Menge zurückkommen. Ansonsten hilft ein Spritzer Zitronensaft. Säure ist der natürliche Antipode zur Süße.

Gute Tat: Anstatt Teig etc. einzufrieren, backen Sie einfach die doppelte Menge. Freunde und Nachbarn freuen sich bestimmt.

Zu bitter

Warm abduschen. Bitterstoffe an sich sind gesund für uns, weil sie die Tätigkeit von Bauchspeicheldrüse und Gallenblase anregen. Bei Lebensmitteln wie Endiviensalat, Rucola oder Radicchio hilft es, die Blätter in lauwarmes Wasser einzulegen oder die Salatsoße mit einem Tick mehr Zucker oder Honig zu versehen. Bei Chicorée entfernt man die äußersten Blätter und den Strunk. Auch Spargel wird bitter, je näher er an der Wurzel gestochen wurde. Hier ist ein Löffel Zucker im Kochwasser angeraten – zusammen mit Zitronensaft.

Käffchen? Filterkaffee nicht mit kochendem Wasser aufgießen, sondern erst 30 Sekunden stehen lassen. Und eine Prise Salz dazu!

DAS PRINZIP VON UNTERSCHIEDLICHEN TEXTUREN

Haben Sie sich schon einmal ernsthaft mit der Frage nach Texturen von Lebensmitteln beschäftigt? Das wäre verwunderlich, denn im Allgemeinen liegt der Fokus ja immer auf dem Geschmack. Dabei ist Textur enorm wichtig und wird – unbewusst – von jedem von uns wahrgenommen und beurteilt. Und doch fließt dieser Aspekt nur bei Profis in die Bewertung von Speisen mit ein. Aus gutem Grund.

Was ist eigentlich Textur?

Textur ist ein ganzheitlicher Ansatz. Man kann sie sehen, riechen, schmecken, hören und natürlich auch fühlen. Bei Stoffen ist das ganz normal. Jeder kennt es, wenn man ein Kleidungsstück anfasst und sofort begreift, ob es hochwertig ist oder sich seltsam künstlich anfühlt. Das Gleiche ist bei Lebensmitteln der Fall. Man wirft einen Blick auf den Teller und sieht, was wie ist.

Ein Stück Fleisch vielleicht, dem ohne zu kosten anzusehen ist, ob es hart und trocken ist. Die Fasern sind blass und zusammengezogen, die Oberfläche erscheint ausgetrocknet. Ist es hingegen feucht und glänzend, weiß man automatisch, hier steckt Saft drin, das wird vermutlich schön zart sein.

Der nächste Blick könnte dem Gemüse gelten. Ist es dumpf und farblich ausgebleicht? Das indiziert ein zu langes Kochen, das Gemüse wird weich sein. Strahlt es und wirkt es frisch und voller Spannung, so dürfte es noch richtig knackig sein. Bissfest, wie man es sich wünscht.

Und dann gibt es natürlich noch die Soße. Auch hier weiß das Auge sofort, ob es sich um eine leichte, ätherische Soße handelt oder um eine, die dicht, kräftig und sämig sein soll.

Doch Textur ist noch mehr

Sich alleine auf die Augen zu beschränken, wäre zu simpel. Textur ist auch das, was die Nase erfasst. Riecht man Säure, Süße oder auch eine gewisse Cremigkeit? Das gibt einem sogleich Aufschluss darüber, was man erwarten kann.

Textur ist auch, was die Ohren wahrnehmen. Sie kennen das, wenn der Löffel die knackige Oberfläche einer Crème brûlée durchbricht. Wenn Sie auf geröstete Croûtons oder auf frischen Feldsalat beißen.

Wenn Ihr Schnitzel oder die Pommes knusprig ausgebacken wurden.

Und Textur ist das, was im Mund stattfindet, auf der Zunge und am Gaumen. Wurde der so wunderbar aussehende Feldsalat von eben nicht gründlich genug gewaschen, törnen einen die verbliebenen Sandkörner darin von einer Sekunde auf die andere völlig ab. Im Mund erkennt man Schmelz und Cremigkeit, unterscheidet Härte und Weichheit, feste und labbrige Konsistenz. Die Wahrnehmung von Konsistenzen ist nicht überall gleich, sondern hat sich in der jeweiligen positiven oder negativen Beurteilung kulturell entwickelt. Bei uns in Mitteleuropa mag einen der Verzehr von frittierten Insekten noch abschrecken, in Thailand ist es eine gefragte Delikatesse.

Texturen miteinander kombinieren

Mit unterschiedlichen Texturen lassen sich Spannungsbögen aufbauen. Sie können eine Kürbiscremesuppe geschmacklich wunderbar hinbekommen. Noch besser wird sie, wenn Sie kurz vor dem Servieren angeröstete Kürbiskerne und Kürbiskernöl zugeben. So haben Sie den Grundgeschmack als Basis, fügen aber ein crunchy-knackiges Element und eine ölige Nuance hinzu, die sie um das anreichern, was aus dem Kürbis kommt.

Desserts gehen denselben Weg. Achten Sie mal in guten Restaurants darauf: Ein Dessert besteht dort stets aus mehreren Komponenten in unterschiedlichen Texturen und/oder Temperaturen. Eine Kugel Eis mit einem warmen Schokoladenküchlein und einer Karamellhippe. Kälte, Erfrischung, Fluffigkeit, Wärme, Biss, Süße … Alles und noch mehr auf einem Teller!

Was heißt das für Sie?

Sie müssen nicht aus jedem Gericht eine „Trilogie von" oder einen „Dialog von" machen, wie es in manch unsäglichen Rezeptschwurbeleien steht. Aber sehen, hören, riechen und schmecken Sie bewusst hin, bei allem, was Ihnen in den Mund kommen soll. Man hat ja bereits Erwartungshaltungen: Ein Apfel sollte prall, spannungsvoll und saftig sein, nicht mürbe und müde. Eine Cremesuppe wünscht man sich sämig, nicht wässrig und dünnflüssig. Beim Brathähnchen erhofft man sich eine Kombination aus saftigem Fleisch (selbst bei der Brust) und krosser Haut, keine schlabbrige und fette Angelegenheit.

Verstehen Sie Textur als ein echtes und ganz oft auch leicht zu erreichendes Plus in Ihren Speisen. Textur macht Essen interessanter, es gibt mehr zu entdecken. Seien Sie erfinderisch. Klöße schmecken mit gerösteten Brotstücken darin besser. In Butter gebratene Semmelbrösel werten den Spargel auf. Kräuter garantieren nicht nur farbliche Highlights und Kerne oder Nüsse im Salat sorgen für den richtigen Crunch.

KATASTROPHENHILFE AUF ANDEREN EBENEN

In der Küche kann viel passieren, im Positiven wie im Negativen. Doch nicht jeder GAU ist ein Super-GAU, oft gibt es noch eine Möglichkeit, ein kleines Missgeschick wieder auszubügeln. Lösungen bieten fast immer die kleinen Kniffe, die unspektakulär, aber wirksam die Wende bedeuten können. Und sie sind bisweilen unkonventionell. Sie ärgern sich über massiven Zwiebelgeruch an den Händen? Knoblauchduft am Messer? Ziehen Sie es durch eine rohe Kartoffel oder Möhre. Sie möchten Kohlgeruch in der Küche vermeiden? Legen Sie ein in etwas Essig getränktes Tuch zwischen Topf und Deckel. Wirkt, oder?

Suppe zu dünn

Der Fehler wird meistens beim Angießen der Brühe gemacht: Es kommt zuviel Flüssigkeit in die Suppe. Damit das nicht passiert, sollten Sie nach folgendem Prinzip vorgehen: Bei einer beispielsweise Möhrencremesuppe die Möhren nur mit so viel Brühe auffüllen, dass sie gerade so bedeckt sind. (Später verdünnen geht immer noch!) Wenn der „Schaden" da ist, können Sie ihn reparieren, indem Sie weiteres Gemüse mit wenig Flüssigkeit sehr dick weich kochen und püriert unterheben. Oder Sie geben eine Mehlschwitze dazu. Oder reiben eine mehligkochende Kartoffel ein.

Bindend: Auch Reis-, Mais- oder Dinkelmehl haben eine bindende Wirkung.

Fleisch verbrannt

Außen schwarz und innen noch roh, das kommt beim Grillen gerne schon mal vor, besonders, wenn man es mit der Temperatur zu gut gemeint oder den Rost zu tief über die Glut gelegt hat. Es sollte halt schnell gehen! Je nachdem, wie früh Sie das Missgeschick bemerken und wie dunkel das Fleisch schon geworden ist, unterscheiden sich die Lösungsmöglichkeiten. Wenn das Fleisch noch relativ okay ist, lassen Sie es im Backofen bei 130 °C nachgaren. Ist es bereits zu schwarz, hilft nichts außer dem Abschneiden der verkohlten Stellen, verbunden mit einem geduldigen, sanfteren Neustart.

Besser: Rückwärts braten! (Siehe auch Seite 161.)

Zäher Braten

Dass Fleisch zäh wird, kann verschiedene Ursachen haben. Um einmal einige Beispiele zu nennen: Ein zu frisches Stück Rind hatte keine Zeit, abzuhängen und sich zu entspannen. Das ist besonders für Steaks ganz wichtig. Oder es war Fleisch vom falschen Stück – Rücken, Lende und Filet sind immer zarter als Keule, weil sie ja nur herumgetragen werden und nicht selbst arbeiten müssen. Ist Ihr Braten zäh geworden, nicht verzagen, sondern einfach diesen Trick befolgen: Schneiden Sie das Fleisch in sehr dünne Scheiben und lassen Sie diese in der Soße einige Minuten ziehen.

Hilfreich: Googeln Sie doch mal den Begriff „Fleischzartmacher". Echt genial.

Gemüse verkocht

Vitamine und Mineralstoffe stecken in vielen Gemüsen. Das macht sie gesund und trägt zu der viel beschworenen „ausgewogenen Ernährung" bei. Und selbst wenn Gemüse totgekocht und superweich ist und irgendwie Richtung Krankenhaus-Schonkost driftet, muss das nicht bedeuten, dass alle guten Stoffe draußen sind. Erste-Hilfe-Tipp: Werfen Sie das Gemüse, auch wenn es null Biss mehr hat, nicht gleich weg. Pürieren Sie es zu einem Brei und machen Sie damit beim nächsten Mal eine schön cremige Gemüsesoße. Passt super zu Pasta!

Schonend: Beim Dämpfen gehen weitaus weniger Vitamine und Mineralstoffe verloren als beim Kochen.

Angebrannt

Beim Reis die Temperatur zu hoch eingestellt? Bei den Kartoffeln zu wenig Wasser in den Topf gegeben? Die Cremesuppe von gestern zu schnell erhitzt? Im großen Topf mit dem Chili con Carne für die Party nicht oft und sorgfältig genug gerührt? Klassische Fälle von angebrannt. Jetzt heißt es schleunigst raus aus dem Topf mit dem Essen und in einen anderen umfüllen. Dabei nichts vom Topfboden kratzen – das Angebrannte bleibt schön drin. Spezialfall Kartoffeln: Die schälen Sie, unter der Schale verbrannte Stellen schneiden Sie weg – dann zaubern Sie eine Suppe oder ein Püree daraus.

Sauber: Im angebrannten Topf Wasser mit Essig und Salz aufkochen.

HINKLATSCHEN?

KOMMT DOCH EH ALLES ZUSAMMEN! Diesen Spruch hört man oft, wenn sich jemand noch nicht mal ansatzweise Mühe gibt, das Essen auf dem Teller in irgendeiner Weise hübsch zu arrangieren und appetitlich aussehen zu lassen. Das wirkt sich auf die Art und Weise, wie man das Gekochte wahrnimmt, aus: Man misst dem Gericht keine besondere Bedeutung zu, wertschätzt es nicht und verliert so ganz allmählich auch den Bezug zu gutem Essen. Und das wiederum kann nachhaltig Auswirkungen auf den Stoffwechsel haben.

ANRICHTEN!

NICHT NUR FÜRS AUGE soll es schön sein, sondern für den gesamten Organismus. Alles hängt mit allem zusammen. Gefällt einem, was man auf dem Teller sieht, läuft einem sprichwörtlich das Wasser im Mund zusammen. Die Bohnen liebevoll in eine Richtung arrangiert, das Fleisch schön tranchiert als Fächer, die Soße in schmückenden Klecksen darauf verteilt statt lieblos darübergegossen. Vielleicht noch ein paar Kräuter oder essbare Blüten dazugesteckt?
Mmh – lecker! Und das kann man sogar schon VOR dem ersten Bissen sagen …

Wein und Käse
Sind nicht immer ideale Partner, aber oft. Junge und milde Käse harmonieren gut mit leichteren Weinen, gereifte hingegen mit ebensolchen Tropfen.

WINE AND FOOD PAIRING

Weine und Speisen gehören zusammen, eindeutig. Für die Mittelmeerländer und großen Weinproduzenten Spanien, Frankreich, Italien und Griechenland sogar so sehr, dass man dort Weine fast ausschließlich im Rahmen des Menüs zu sich nimmt. Also selten solo, wie es bei uns häufig geschieht.

Aus diesem Grund müssen Weine als Essensbegleiter so ausgesucht sein, dass sie mit den jeweiligen Speisen gut harmonieren. Früher galt als Grundregel: Weißwein zu Fisch und Rotwein zu Fleisch. Das ist längst passé, heute weiß man, dass es viel mehr auf die Art der Zubereitung und die Konsistenz der Soße ankommt.

Wein zum Essen schmeckt ganz anders, als wenn man ihn solo verkostet. Das liegt daran, dass er nicht nackt dasteht, sondern eine Verbindung mit dem Essen eingeht. Manche Kombinationen funktionieren überhaupt nicht: Stark vom Essig geprägte Salatdressings machen es jedem Wein schwer. Bei Suppen mit Muskat ist es ähnlich. Der Wein hat auf Speisenseite sogar richtige „Feinde"! Dazu gehören Artischocken (wird metallisch), roher Spinat (wird pelzig und stumpf), frische Tomaten (wird bitter), frisches Obst (Konkurrenz im Mund), Matjes (Bier absorbiert das Fett viel besser), Rettich und Co. (wird bitter), Sardellen (zu salzig), Joghurt (verdrängt jede Aromatik) und Kaffee (bleibt lange am Gaumen). Aber bleiben wir positiv:

1 Gedünstetes: Hier kommen leichtere Weine zum Zug, die auch fruchtig sein dürfen. Riesling, Chianti, auch ein Spätburgunder. Oder ein Sekt.

2 Gebratenes: Braucht kräftigere Weine wegen der Röstaromen. Sie können gerne aus dem Barriquefass sein, wo ja selbst Toastingaromen übernommen werden.

3 Gegrilltes: Entweder setzt man auf die Power von körperreichen Weinen – oder auf die neutralere Zartheit eines Rosé, der sich unkompliziert dem Essen unterordnet.

4 Geschmortes: Hier fahren Sie mit einem molligen Grauburgunder oder Chardonnay gut. Wenn's ein Rotwein sein soll, eignen sich Merlot oder Barolo.

5 Süßes: Der Dessertwein muss immer süßer sein als das Dessert selbst, sonst geht er unter. Also ab Auslese aufwärts. Und ein Riesling bietet sich an, da er die Süßspeise mit seiner Säure kontert.

Unsere Tipps und Tricks sind Ihnen schon in Fleisch und Blut übergegangen? Und Sie kochen mittlerweile wie ein Profi? Glückwunsch! Falls Sie doch einmal gezielt einen (Koch-)Aspekt nachschlagen möchten, finden Sie im Anhang ein ausführliches Stichwortverzeichnis.

SERVICE

STICHWORTVERZEICHNIS

Stiftung Warentest
Lützowplatz 11–13
10785 Berlin
Telefon 0 30/26 31–0
Fax 0 30/26 31–25 25
www.test.de
email@stiftung-warentest.de

USt-IdNr.: DE136725570

Vorstand: Hubertus Primus
Weitere Mitglieder der Geschäftsleitung:
Dr. Holger Brackemann, Daniel Gläser

Programmleitung: Niclas Dewitz

Autor: Matthias F. Mangold

Projektleitung: Lisa Frischemeier
Lektorat: Kathrin Nick, Köln
Korrektorat: Judith Pfeiffer-Ley, Mainz
Mitarbeit: Merit Niemeitz
Titel, Art Direktion, Layout, Satz: Büro Brendel, Berlin
Fotografie: Knut Koops, Berlin
Bildnachweis: Florian Brendel (Titel), 2, 3; gettyimages: 32, 38, 42, 48, 52, 70, 170, 193, 216; shutterstock: 13, 16, 17, 18, 19, 50, 51, 54 – 57, 70, 71, 85, 109, 116, 117, 127, 132, 133, 173, 193

Produktion: Vera Göring
Verlagsherstellung: Rita Brosius (Ltg.), Romy Alig, Susanne Beeh
Litho: tiff.any, Berlin
Druck: mediaprint solutions GmbH, Paderborn

ISBN: 978-3-7471-0104-9

Wir haben für dieses Buch 100 % Recyclingpapier und mineralölfreie Druckfarben verwendet. Stiftung Warentest druckt ausschließlich in Deutschland, weil hier hohe Umweltstandards gelten und kurze Transportwege für geringe CO_2-Emissionen sorgen. Auch die Weiterverarbeitung erfolgt ausschließlich in Deutschland.